Anna Tkachenko
Marta Choińska

Learn Russian language through dialogue

bilingual for speakers of English

LANGUAGE
PRACTICE
PUBLISHING

2012©Language Practice Publishing
This book is in copyright. Subject to statutory exception and to the provisions of relevant collective licensing agreements, no reproduction of any part may take place without the written permission of Language Practice Publishing. The publisher's homepage lppbooks.com

We strive to avoid typos and inaccuracies. However, on occasion we make mistakes. We value your contributions and help in correcting them. To report typos or inaccuracies, please mail to vadim@lppbooks.com

Содержа́ние
Table of contents

Ру́сский алфави́т 4

Глава́ 1 Ли́чные да́нные (gender of nouns, pronunciation, word order, question words, gender of adjectives, plural of nouns, verb быть) 6

Глава́ 2 Ли́чные ка́чества (possessive pronouns, infinitive, reflexive verbs, the verb име́ть) 12

Глава́ 3 Вне́шность (months, demonstrative pronouns) 16

Глава́ 4 Семья́ (numerals, dative pronouns) 20

Глава́ 5 Мой дом (conjunctions and comma) 26

Глава́ 6 Распоря́док дня (comparative and superlative, adverbs of place, adverbs of direction) 30

Глава́ 7 Геогра́фия (active participle, days of week) 36

Глава́ 8 Ку́хня (conjugation of verbs) 40

Глава́ 9 Ли́чная гигие́на (absence of there is/are, prepositions of time) 44

Глава́ 10 Го́род 50

Глава́ 11 Тра́нспорт 54

Глава́ 12 Что есть в за́ле? 58

Глава́ 13 Здоро́вье (prefixes of motion verbs) 62

Глава́ 14 Еда́ 66

Глава́ 15 Два мои́х люби́мых хо́бби (modal verbs, verbs of motion) 72

Глава́ 16 Иску́сство (telling time) 76

Appendixes (cases of nouns, pronouns and adjectives, Past Tense, perfective and imperfective verbs, common Russian adjectives) 80

Keys 88

Ру́сский алфави́т / Russian alphabet

Capital	Small	Handwriting	Name	IPA	English example
А	а	*Аа*	а [a]	/a/	a in rather
Б	б	*Бб*	бэ [bɛ]	/b/ or /bʲ/	b in hit
В	в	*Вв*	вэ [vɛ]	/v/ or /vʲ/	v in veal
Г	г	*Гг*	гэ [gɛ]	/g/	g in get, or h in hat
Д	д	*Дд*	дэ [dɛ]	/d/ or /dʲ/	d in do
Е	е	*Ее*	е [je]	/je/ or /ʲe/	ye in yet
Ё	ё	*Ёё*	ё [jo]	/jo/ or /ʲo/	yo in york
Ж	ж	*Жж*	жэ [ʐɛ]	/ʐ/	g in genre, s in pleasure
З	з	*Зз*	зэ [zɛ]	/z/ or /zʲ/	z in zoo
И	и	*Ии*	и [i]	/i/ or /ʲi/	e in me
Й	й	*Йй*	и краткое	/j/	y in yes
К	к	*Кк*	ка [ka]	/k/ or /kʲ/	k in kitchen
Л	л	*Лл*	эл [el]	/l/ or /lʲ/	l in lock
М	м	*Мм*	эм [ɛm]	/m/ or /mʲ/	m in mat
Н	н	*Нн*	эн [ɛn]	/n/ or /nʲ/	n in not
О	о	*Оо*	о [o]	/o/	o in more
П	п	*Пп*	пэ [pɛ]	/p/ or /pʲ/	p in put

Р	р	*Рр*	эр [ɛr]	/r/ or /rʲ/	rolled r
С	с	*Сс*	эс [ɛs]	/s/ or /sʲ/	s in sea
Т	т	*Тт*	тэ [tɛ]	/t/ or /tʲ/	t in top
У	у	*Уу*	у [u]	/u/	oo in foot
Ф	ф	*Фф*	эф [ɛf]	/f/ or /fʲ/	f in fate
Х	х	*Хх*	ха [xa]	/x/	like h in harp
Ц	ц	*Цц*	це [t͡sɛ]	/t͡s/	ts in meets
Ч	ч	*Чч*	че [t͡ɕe]	/t͡ɕ/	ch in chess
Ш	ш	*Шш*	ша [ʃa]	/ʃ/	similar to the sh in shop
Щ	щ	*Щщ*	ща [ɕɕa]	/ɕ/	similar to the sh in shake
Ъ	ъ	*ъ*	твёрдый знак		puts a distinct /j/ sound in front of the following iotified vowels
Ы	ы	*ы*	ы [ɨ]	[ɨ]	like i in Billy
Ь	ь	*ь*	мягкий знак	/ ʲ/	slightly palatalizes the preceding consonant
Э	э	*Ээ*	э [ɛ]	/e/	e in met
Ю	ю	*Юю*	ю [ju]	/ju/ or /ʲu/	u in use
Я	я	*Яя*	я [ja]	/ja/ or /ʲa/	ya in yard

Глава 1

Личные данные

Меня зовут Анна Александровна Ткаченко. Я русская. Я родилась и живу в городе Донецк. Мой адрес – улица Гоголя, дом 125, квартира 15. Мне двадцать три года. Я замужем. Работаю в банке финансистом. Я живу в квартире. Мой номер телефона 0501234567. Я говорю на английском и русском языке.

Это мой друг. Его зовут Евгений Николаевич Непейпиво. Он украинец. Он родился и живёт в Донецке. Его адрес – улица Артёма, дом 277, квартира 327. Ему двадцать пять лет. Евгений женат. Он работает в торговой фирме. Он администратор компьютерной сети. Евгений живёт в собственном доме. Его номер телефона 0931234567. Евгений говорит на русском, украинском и немецком языке.

Привет! Меня зовут Анна.

Привет! Я Евгений.

Unit 1

Personal Information

My name is Anna Aleksandrovna Tkachenko. I am Russian. I was born and live in Donetsk. My address is 125 Gogol Street, Apartment 15. I am twenty three years old. I am married. I work in a bank as a banker. My phone number is 0501234567. I speak English and Russian.

This is my friend. His name is Yevgeny Nikolaevich Nepeypivo. He is Ukrainian. He was born and lives in Donetsk. His address is 277 Artyom Street, Apartment 327 (or 277 Artyom St., Apt. 327). He is twenty five years old. He is married. He works at a retail company. He is a computer network administrator. He lives in his own house. His phone number is 0931234567. Yevgeny speaks Russian, Ukrainian and German.

Обы́чные вопро́сы и отве́ты
Common questions and answers

- Как Вас зову́т?
- Меня́ зову́т А́ня.
- Как Ва́ше о́тчество?
- Моё о́тчество Алекса́ндровна.
- Как Ва́ша фами́лия?
- Моя́ фами́лия Ткаче́нко.
- Где Вы роди́лись?
- Я родила́сь в Доне́цке.
- Вы рабо́таете или у́читесь?
- Я рабо́таю в ба́нке.

- *What is your name?*
- *My name is Ann.*
- *What is your middle name?*
- *My middle name is Aleksandrovna.*
- *What is your second name?*
- *My second name is Tkachenko.*
- *Where were you born?*
- *I was born in Donetsk.*
- *Do you work or study?*
- *I work in the bank.*

Кака́я у Вас профе́ссия?
What is your profession?

Я финанси́ст.
I am a banker.

- Ско́лько Вам лет?
- Мне 23 го́да.
- Когда́ у Вас день рожде́ния?
- Мой день рожде́ния 21 ию́ня.
- Како́й у вас телефо́н?
- У меня́ телефо́н 0501234567.

- Вы за́мужем или свобо́дны?
- Я за́мужем.
- Вы живёте в до́ме и́ли в
- Я живу́ в кварти́ре.
- Каки́е языки́ Вы зна́ете?
- Я зна́ю англи́йский, ру́сский и украи́нский языки́.

- *How old are you?*
- *I am 23 years old.*
- *When is your birthday?*
- *My birthday is on June 21st.*
- *What is your telephone number?*
- *My telephone number is 0501234567.*
- *Are you married or single?*
- *I am married.*
- *Do you live in a house or an apartment?*
- *I live in an apartment.*
- *What languages do you know?*
- *I know English, Russian and Ukrainian.*

Gender of nouns

There are no articles used with nouns.

There are three genders masculine, feminine and neuter. Both animate and inanimate nouns have a gender which depends on a word ending.

Masculine nouns normally end with a consonant or -й: го́род *(city)*, но́мер *(number)*, диджей *(DJ)*
Common exceptions: па́па *(dad)*, дя́дя *(uncle)*, мужчи́на *(man)*

Feminine nouns normally end with –а or –я: фами́лия *(surname)*, фи́рма *(firm)*

Neuter nouns end with –о or –е: о́тчество *(middle name)*, ко́фе *(coffee)*.
Common exception: и́мя *(name)*

Most nouns ending with –ь can be masculine or feminine: сеть *(fem. network)*, день *(masc. day)*, стиль *(masc. style)*.

Pronunciation

For the most part one Russian letter corresponds to one sound.
Ё is always stressed. **O** is pronounced **a** if unstressed: молоко́ - [малако́] *milk*.
E is pronounced **и** if unstressed: ме́неджер - [ме́ниджир] *manager*.
Ending -го is always pronounced -во: его́ - [ево́] *his, him*.

- У Вас есть друг? Как его зовут?
- Его зовут Евгений Николаевич

- Кто он по национальности?
- Он украинец.
- Где он родился?
- Он родился и живёт в Донецке.
- Какой у Евгения адрес?
- Его адрес – ул. Артёма, дом 277,

- Сколько ему лет?
- Ему двадцать пять лет.

- Do you have a friend? What is his name?
- His name is Yevgeny Nikolaevich Nepeypivo.

- What is his nationality?
- He is Ukrainian.
- Where was he born?
- He was born, and lives in Donetsk.
- What is Yevgeny's address?
- His address is 277 Artyom Street, Apartment 27.

- How old is he?
- He is twenty five years old.

Word order

Russian word order is very flexible. Russians usually begin a sentence with a place or time of an action:
Завтра я работаю.
I am working tomorrow. На этой улице много банков. *There are a lot of banks in this street.*

Rising of intonation indicates a question:
Ты студе́нт? ↑
Are you a student?
If a sentence begins with question word, intonation is usually affirmative:
Где ↓ магазин?
Where is a shop?

Ты холостой или женатый?
Are you single or married?

Я женатый.
I am married.

- Где он работает?
- Он работает в торговой фирме.
- Кем он работает в этой фирме?
- Он администратор компьютерной

- Ваш друг живёт в квартире или в

- Он живёт в собственном доме.
- Какой у него номер телефона?
- У него номер телефона 1234567890.
- На каких языках он говорит?
- Он говорит на русском, украинском и немецком языках.

- Where does he work?
- He works at a retail company.
- What does he do at this company?
- He is a computer network administrator.

- Does your friend live in an apartment or his own house?
- He lives in his own house.
- What is his phone number?
- His phone number is 1234567890.
- What languages does he speak?
- He speaks Russian, Ukrainian and German.

Лучший метод обучения – это начать. *The best way to learn is to begin.*

Pronunciation

When consonants appear at the end of a word, they lose their voice.
б is pronounced like п: клуб — [клуп] *club*
в is pronounced like ф: Медведев - [мидведеф] *Medvedev (a surname)*
г is pronounced like к: маркетинг - [маркитинк] *marketing*
д is pronounced like т: шоколад - [шакалат] *chocolate*
ж is pronounced like ш: ложь - [лош] *lie*
з is pronounced like с: каприз - [каприс] *caprice*

Упражне́ние 1 Отве́тьте пи́сьменно на вопро́сы. *Answer the questions in writing.*

a) Как Вас зову́т? *What is your name?*

　...

b) Как Ва́ше о́тчество? *What is your patronymic?*

　...

c) Как Ва́ша фами́лия? *What is your last name?*

　...

d) Где Вы роди́лись? *Where were you born?*

　...

e) Вы рабо́таете или у́читесь? *Do you work or study?*

　...

f) Кака́я у Вас профе́ссия? *What is your profession?*

　...

g) Ско́лько Вам лет? *How old are you?*

　...

h) Когда́ у Вас день рожде́ния? *When is your birthday?*

　...

i) Како́й у вас телефо́н? *What is your phone number?*

　...

j) Вы за́мужем и́ли свобо́дны? *Are you married or single?*

　...

k) Вы живёте в до́ме и́ли в кварти́ре? *Do you live in a house or an apartment?*

　...

l) На каки́х языка́х Вы говори́те? *What languages do you speak?*

　...

Question words

Как? - How? What?
Где? - Where?
Куда́? - Where to?
Отку́да - Where from?
Како́й? - What? Which? *(m)*
Кака́я? - What? Which? *(f)*
Како́е? - What? Which? *(n)*
Каки́е? - What? Which? *(pl)*
Ско́лько? - How much/many?
Когда́? - When?
Кто? - Who?
Что? - What?
Почему́? - Why?
Заче́м? - What for?

Gender of adjectives

Adjectives agree with nouns and pronouns in number, gender and case.

Masculine endings are –ый, -ий, -ой: ру́сский го́род - *Russian city*, компью́терный магази́н - *computer shop*, молодо́й челове́к - *young man*.
Feminine ending is –ая: ру́сская кни́га - *Russian book*.
Neuter ending is -ое, -ее: большо́е о́зеро - *big lake*, весе́ннее настрое́ние - *spring mood*.
Plural endings are the same for all genders -ые, -ие: америка́нские студе́нты - *American students*, украи́нские фи́льмы - *Ukrainian films*.

Plural of nouns

Most masculine and feminine nouns in the nominative plural will have the ending -ы if the noun stem ends in a hard consonant:
фи́рма - фи́рмы,
телефо́н - телефо́ны,
Nouns with the ending -а and -я drop them:
мужчи́на - мужчи́ны
man - men,
же́нщина - же́нщины
woman - women,
If the noun stem ends in a soft consonant, or in г, ж, к, х, ч, ж, ш, щ, the ending will be -и: кни́га - кни́ги
book - books,
банк - ба́нки
bank - banks.
The soft sign (-ь) is left out: день - дни
day - days.
Neuter nouns that end in -о, have the ending -а in the plural:
окно́ - о́кна
window - windows.
Neuter nouns that end in -е, have the ending – я in the plural:
упражнение - упражнения
exercise - exercises.

Упражне́ние 2 Прочита́йте текст **Ли́чные да́нные**. Вы́берите пра́вильный вариа́нт соотве́тствующий те́ксту. *Read the text Personal Information. Choose the correct form according to the text.*

1)	Я ру́сская/ру́сский	*I am Russian.*
2)	Мне/я два́дцать три го́да	*I am twenty three years old.*
3)	Я за́мужем/не за́мужем	*I am married/single.*
4)	Я/мне родила́сь в Доне́цке	*I was born in Donetsk.*
5)	Я рабо́таю/учу́сь в ба́нке	*I work/study in a bank.*
6)	Он ру́сский/ру́сская	*He is Russian.*
7)	Его́ роди́лся/он роди́лся в Доне́цке	*He was born in Donetsk.*
8)	Ему́/он два́дцать пять лет	*He is twenty five years old.*
9)	Он рабо́тает/рабо́таю в торго́вой фи́рме	*He works at a retail compa-*
10)	Он/его́ администра́тор компью́терной	*He is a computer network administrator.*
11)	Он живёт/живём в своём до́ме	*He lives in his own house.*
12)	Э́то мой/моя́ друг	*This is my friend.*

Упражне́ние 3 Пронумеру́йте предложе́ния, что́бы получи́лся телефо́нный разгово́р. *Number the sentences to get a conversation by phone/phone call.*

	Пока́ О́ля.	*Bye, Olya.*
	Да, где мы встре́тимся?	*Okay, where shall we meet?*
1	Алло́.	*Hello.*
	Я слу́шаю.	
	Пока́ Са́ша.	*Bye, Sasha.*
	Са́ша, это О́льга. Ты идёшь сего́дня в университе́т?	*Sasha, this is Olya. Are you going to the university today?*
	Дава́й во́зле вхо́да в библиоте́ку в де́вять часо́в.	*Let's meet at the entrance to the library at 9 o'clock.*
	Здра́вствуйте, мо́жно Са́шу к телефо́ну?	*Hello. Can I speak with Sasha?*
	Да, но снача́ла я до́лжен пойти́ в библиоте́ку. Хо́чешь со мно́й?	*Yes, but first I need to go to the library.*
	Договори́лись, пока́.	*It's settled, bye.*
	Здра́вствуйте, одну́ мину́ту.	*Hello. One minute, please.*

Упражне́ние 4 Вы́берите глаго́лы в пра́вильной фо́рме. *Choose a correct form of the verbs.*

> жить говори́ть рабо́тать

1) Я живу́ / живёт в кварти́ре — *I live in an apartment.*
2) Он живу́т/живёт в кварти́ре — *He lives in an apartment.*
3) Она́ живёт/живёшь в кварти́ре — *She lives in an apartment.*
4) Ты живу́/живёшь в кварти́ре — *You live in an apartment.*
5) Вы живёте/живу́т в кварти́ре — *You live in an apartment.*
6) Мы живёт/живём в кварти́ре — *We live in an apartment.*
7) Они́ живу́т/живёт в кварти́ре — *They live in an apartment.*
8) Я рабо́таем/рабо́таю в ба́нке — *I work in a bank.*
9) Он рабо́тает/рабо́таешь в ба́нке — *He works in a bank.*
10) Она́ рабо́тает/рабо́тают в ба́нке — *She works in a bank.*
11) Ты рабо́таю/рабо́таешь в ба́нке — *You work in a bank.*
12) Мы рабо́таем/рабо́таешь в банке — *We work in a bank.*
13) Они́ рабо́тают/рабо́таем в ба́нке — *They work in a bank.*
14) Я говорю́/говори́шь на англи́йском — *I speak English.*
15) Он говори́те/говори́т на англи́йском — *He speaks English.*
16) Она́ говори́м/говори́т на англи́йском — *She speaks English.*
17) Ты говори́шь/говоря́т на англи́йском — *You speak English.*
18) Вы говори́те/говорю́ на англи́йском — *You speak English.*
19) Мы говори́м/говори́т на англи́йском — *We speak English.*
20) Они́ говори́шь/говоря́т на англи́йском — *They speak English.*

Verb быть *(to be)*

Verb быть is usually omitted in the present tense:
Он студе́нт. - *He is a student.*
Она́ до́ма. - *She is at home.*
However its equivalents явля́ться и находи́ться can be used in formal situations instead:
Он явля́ется студе́нтом. - *He is a student.*
Она́ нахо́дится до́ма. - *She is at home.*

Declination of the verbs жить - *live*, говорить - *speak*, работать - *work*

Я	Мы	Ты	Вы/вы	Он/она́/оно	Они́
Живу́	Живём	Живёшь	Живёте	Живёт	Живу́т
Говорю́	Говори́м	Говори́шь	Говори́те	Говори́т	Говоря́т
Рабо́таю	Рабо́таем	Рабо́таешь	Рабо́таете	Рабо́тает	Рабо́тают

Глава 2
Ли́чные ка́чества

Я стара́юсь демонстри́ровать то́лько хоро́шие мане́ры. Как результа́т, мой муж то́же име́ет ориента́цию на позити́в. Сейча́с мно́гие лю́ди материали́сты и демонстри́руют негати́вные мане́ры. Мой муж иногда́ говори́т, что я идеали́ст, хотя́ я стара́юсь быть реали́стом. А я ду́маю, что я оптими́ст, а он иногда́ демонстри́рует пессими́зм. Ве́чером, когда́ у нас есть шанс провести́ вре́мя романти́чно, я забыва́ю всё негати́вное и вспомина́ю всё позити́вное. Мы с му́жем идём в клуб и́ли в кафе́ и забыва́ем обо всех пробле́мах. Мы танцу́ем и пьём кокте́йли. Я зна́ю, что о пробле́мах на́до ду́мать у́тром, а ве́чером пробле́мы на́до забыва́ть. Мой оптими́зм помога́ет мне забы́ть весь негати́в повседне́вной жи́зни.

Adjective

There is a short from of adjective. It is always used after a noun or pronoun:
Он мо́лод. *He is young.*
А́ня краси́ва. *Anya is beautiful.*
Э́то ме́сто свобо́дно. *This place is free.*
Э́ти места́ свобо́дны. *These places are free.*

Unit 2
Personal qualities

I try to show only good manners. As a result, my husband is oriented to the positive too. Nowadays, many people are materialists, and show bad manners. My husband sometimes says I am an idealist, although I try to be a realist. I think I am an optimist, and he sometimes shows pessimism. In the evening, when we get a chance to pass time romantically, I forget the negatives, and recall the positives. My husband and I go to a club or café and forget all the problems. We dance and drink cocktails. I know that you should think about problems in the morning, and in the evening you should forget them. My optimism helps me forget all the negatives of the daily life.

Possessive pronouns

Used before:	masculine nouns	feminine nouns	neuter nouns	all plural nouns
whose?	чей?	чья?	чьё?	чьи?
my	мой	моя́	моё	мои́
our	наш	на́ша	на́ше	на́ши
your (singular)	твой	твоя́	твоё	твои́
your (plural)	ваш	ва́ша	ва́ше	ва́ши
his/its	его́	его́	его́	его́
her	её	её	её	её
their	их	их	их	их

Обы́чные вопро́сы и отве́ты

Common questions and answers

- Что Вы стара́етесь демонстри́ровать?
- Я стара́юсь демонстри́ровать то́лько хоро́шие мане́ры.
- На что Ваш муж име́ет ориента́цию?
- Мой муж име́ет ориента́цию на позити́в.
- Кем Вы стара́етесь быть?
- Я стара́юсь быть реали́стом.
- Что Ваш муж иногда́ демонстри́рует?
- Он иногда́ демонстри́рует пессими́зм.
- Куда́ Вы хо́дите с му́жем?
- Мы с му́жем хо́дим в клуб и́ли кафе́.
- Что Вы там де́лаете?
- Мы там танцу́ем и пьем кокте́йли.
- О чем ну́жно забыва́ть ве́чером?
- Ве́чером ну́жно забыва́ть о пробле́мах.
- Чем помога́ет Вам Ваш оптими́зм?
- Мой оптими́зм помога́ет мне забы́ть весь негати́в повседне́вной жи́зни.

- What do you try to show?
- I try to show only good manners.
- What is your husband oriented to?
- My husband is oriented to the positive.
- Who do you try to be?
- I try to be a realist.
- What does your husband sometimes show?
- He sometimes shows pessimism.
- Where do you go with your husband?
- My husband and I go to a club or café.
- What do you do there?
- We dance and drink cocktails there.
- What should you forget in the evening?
- In the evening you should forget the problems.
- What does your optimism help you with?
- My optimism helps me forget all the negatives of daily life.

Infinitive

Infinitive form of the verb is the basic form of the verb that is listed in dictionaries. Verbs in infinitive form end in -ать, -ить, -еть, -оть or -ся (for reflexive verbs): говори́ть, чита́ть, стара́ться.

Reflexive verbs

These verbs apply the action to the subject in the sentence. Ending -ся is appended to the standard form of the verb: умыва́ться - *to wash face*, бри́ться - *to shave*, улыба́ться - *to smile*, боя́ться - *to be afraid*.

The verb име́ть *(to have)*

The verb име́ть *(to have)* is rarely used to designate possession. The following construction is used instead:
У меня́ (есть) кни́га. - *I have a book.*
У нас (есть) кни́га. - *We have a book.*
У тебя́ (есть) кни́га. - *You have a book. (sing)*
У Вас/вас (есть) кни́га. - *You have a book. (pl)*
У него́ (есть) кни́га. - *He/It has a book. (masc. and neut.)*
У неё (есть) кни́га. - *She has a book.*
У них (есть) кни́га. - *They have a book.*

Pronunciation

улыба́ться - [улыба́ца] *(to smile)*
боя́ться - [бая́ца] *(to be afraid)*
серди́ться - [серди́ца] *(to be angry)*
гре́ться - [гре́ца] *(to get warm)*
боро́ться - [баро́ца] *(to wrestle)*

Упражнéние 1 Прочитáйте текст *Лúчные кáчества*. Выберите прáвильный вариáнт соотвéтствующий тéксту. *Read the text Personal Qualities. Choose the correct form according to the text.*

1) Мой муж имéет ориентáцию на позитúв/~~негатúв~~. — My husband is oriented to the positive/negative.
2) Сейчáс многие люди материалúсты/пессимúсты. — Nowadays many people are materialists/pessimists.
3) Я старáюсь быть реалúстом/пессимúстом. — I try to be a realist/pessimist.
4) Я вспоминáю все негатúвное/позитúвное. — I recall all negatives/positives.
5) Вéчером нáдо проблéмы забывáть/вспоминáть. — In the evening, you should forget/recall problems.
6) Он иногдá демонстрúрует пессимúзм/оптимúзм. — He sometimes shows pessimism/optimism.
7) Мой оптимúзм помогáет/мешáет мне забыть весь негатúв. — My optimism helps/disturbs me forget the negatives.
8) Мой муж говорúт, что я идеалúст/реалúст. — My husband says that I am an idealist/realist.
9) Я дýмаю, что я оптимúст/пессимúст. — I think that I am an optimist/pessimist.
10) Мы с мýжем идём в клуб и забывáем/вспоминáем о всех проблéмах. — My husband and I go to a club and forget/recall all problems.

Упражнéние 2 Встáвьте глагóлы в прáвильной фóрме. *Put in the verbs in a correct form.*

1) Он иногдá .... (демонстрúровать) пессимúзм. — He sometimes shows pessimism.
2) Я .... (дýмать), что я оптимúст. — I think I am an optimist.
3) Мой муж .... (имéть) ориентáцию на позитúв. — My husband is oriented to the positive.
4) Я .... (забывáть) всё негатúвное. — I forget all the negatives.
5) И .... (вспоминáть) всё позитúвное. — And I recall all the positives.
6) Мы с мýжем .... (идтú) в клуб úли кафé. — My husband and I go to a club or a café.
7) И .... (забывáть) óбо всех проблéмах. — And we forget the problems.
8) Мой оптимúзм .... (помогáть) мне забыть весь негатúв. — My optimism helps me forget all the negatives.
9) Я .... (старáться) демонстрúровать тóлько хорóшие манéры. — I try to show only good manners.
10) Мы ....(танцевáть) и пьём коктéйли. — We dance and drink cocktails.

14

Упражнéние 3 Вы́берите пра́вильный вариа́нт глаго́лов **демонстри́ровать, имéть, вспомина́ть, забыва́ть**. *Choose a correct form of the verbs.*

1) Я демонстри́рую/демонстри́рует хоро́шие манéры — *I show good manners*
2) Он демонстри́руешь/демонстри́рует хоро́шие манéры — *He shows good manners*
3) Она́ демонстри́рует/демонстри́руют хоро́шие манéры — *She shows good manners*
4) Они́ демонстри́руют/демонстри́руем хоро́шие манéры — *They show good manners*
5) Ты демонстри́рует/демонстри́руешь хоро́шие манéры — *You show good manners*
6) Вы демонстри́рую/демонстри́руете хоро́шие манéры — *You show good manners*
7) Мы демонстри́руем/демонстри́руете хоро́шие манéры — *We show good manners*
8) Я имéешь/имéю ориента́цию на позити́в — *I am oriented to the positive*
9) Ты имéем/имéешь ориента́цию на позити́в — *You are oriented to the positive*
10) Вы имéет/имéете ориента́цию на позити́в — *You are oriented to the positive*
11) Мы имéю/имéем ориента́цию на позити́в — *We oriented to the positive*
12) Он имéет/имéешь ориента́цию на позити́в — *He is oriented to the positive*
13) Она́ имéет/имéешь ориента́цию на позити́в — *She is oriented to the positive*
14) Они́ имéют/имéем ориента́цию на позити́в — *They are oriented to the positive*
15) Я вспомина́ю/вспомина́ешь все позити́вное — *I recall all the positives*
16) Ты вспомина́ешь/вспомина́ет все позити́вное — *You recall all the positives*
17) Вы вспомина́ете/вспомина́ем все позити́вное — *You recall all the positives*
18) Мы вспомина́ют/вспомина́ем все позити́вное — *We recall all the positives*
19) Он вспомина́ет/вспомина́ешь все позити́вное — *He recalls all the positives*
20) Она́ вспомина́ет/вспомина́ю все позити́вное — *She recalls all the positives*
21) Они́ вспомина́ем/вспомина́ют все позити́вное — *They recall all the positives*
22) Я забыва́ю/забыва́ет все негати́вное — *I forget all the negatives*
23) Ты забыва́ешь/забыва́ет все негати́вное — *You forget all the negatives*
24) Вы забыва́ем/забыва́ете все негати́вное — *You forget all the negatives*
25) Мы забыва́ю/забыва́ем все негати́вное — *We forget all the negatives*
26) Он забыва́ет/забыва́ешь все негати́вное — *He forgets all the negatives*
27) Она́ забыва́ет/забыва́ют все негати́вное — *She forgets all the negatives*
28) Они́ забыва́ют/забыва́ем все негати́вное — *They forget all the negatives*

Глава 3

Вне́шность

Я сре́днего ро́ста. Мой рост сто шестьдеся́т де́вять сантиме́тров (169). Я име́ю стро́йную фигу́ру. Мой вес приме́рно шестьдеся́т пять килогра́мм (65). У меня́ дли́нные прямы́е густы́е во́лосы. У меня́ типи́чно европе́йское лицо́. Мои́ глаза́ голубы́е, нос прямо́й, у́ши ма́ленькие. У меня́ дли́нная ше́я и то́нкая та́лия. Я си́льная и энерги́чная. Мой муж говори́т, что я краси́вая.

Мой друг Евге́ний высо́кого ро́ста. Он име́ет спорти́вную фигу́ру. У него́ коро́ткие волни́стые во́лосы. У него́ типи́чно европе́йское лицо́. Его́ глаза́ се́рые, нос прямо́й. У него́ кре́пкие ру́ки и дли́нные си́льные но́ги. Он энерги́чный и дружелю́бный.

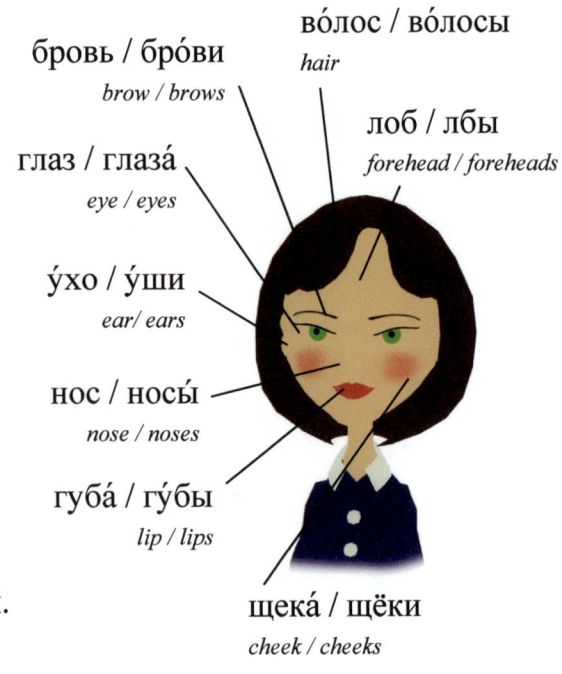

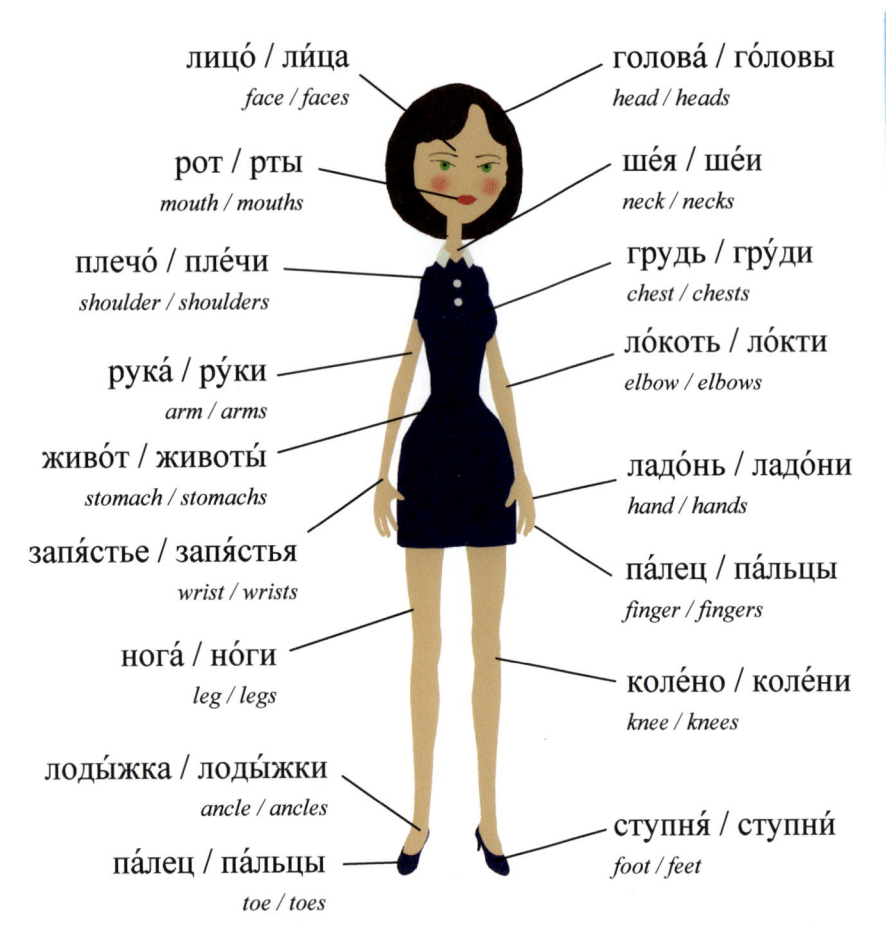

бровь / бро́ви — brow / brows
во́лос / во́лосы — hair
глаз / глаза́ — eye / eyes
лоб / лбы — forehead / foreheads
у́хо / у́ши — ear / ears
нос / носы́ — nose / noses
губа́ / гу́бы — lip / lips
щека́ / щёки — cheek / cheeks

лицо́ / ли́ца — face / faces
голова́ / го́ловы — head / heads
рот / рты — mouth / mouths
ше́я / ше́и — neck / necks
плечо́ / пле́чи — shoulder / shoulders
грудь / гру́ди — chest / chests
ло́коть / ло́кти — elbow / elbows
рука́ / ру́ки — arm / arms
ладо́нь / ладо́ни — hand / hands
живо́т / животы́ — stomach / stomachs
па́лец / па́льцы — finger / fingers
запя́стье / запя́стья — wrist / wrists
нога́ / но́ги — leg / legs
коле́но / коле́ни — knee / knees
лоды́жка / лоды́жки — ancle / ancles
ступня́ / ступни́ — foot / feet
па́лец / па́льцы — toe / toes

Unit 3

Appearance

I am of a medium height. My height is a hundred and sixty nine centimeters. I am well-built. My weight is about sixty five kilograms. I have long straight thick hair. My face is typically European. My eyes are blue, my nose is straight, and my ears are small. I have a long neck and a narrow waist. I am strong and energetic. My husband says I am beautiful.

My friend Yevgeny is tall. He is muscular. He has short wavy hair. His face is typically European. His eyes are grey, and his nose is straight. He has strong arms and long strong legs. He is energetic and friendly.

Обычные вопросы и ответы — *Common questions and answers*

- Вы высокая или низкая?
- Я среднего роста.
- Какой у Вас рост?
- Мой рост сто шестьдесят девять сантиметров.
- Вы полная или стройная?
- У меня стройная фигура.
- Какие у Вас волосы?
- У меня длинные прямые густые волосы.
- Какого типа Ваше лицо?
- У меня типично европейское лицо.
- Какого цвета у Вас глаза?
- У меня голубые глаза.
- Какая Вы? Опишите себя.
- У меня прямой нос и маленькие уши. У меня длинная шея и тонкая талия.
- Вы слабая или сильная?
- Я сильная и энергичная.
- Как Вас оценивают другие?
- Мой муж говорит, что я красивая.
- Ваш друг Евгений высокий или низкий?
- Он высокого роста.
- Какая у него фигура?
- Он имеет спортивную фигуру.
- У Евгения длинные или короткие волосы?
- У него короткие волнистые волосы.
- Какое у него лицо?
- У него типично европейское лицо.
- У Вашего друга нос прямой или кривой?
- У него прямой нос.
- Он дружелюбный или нелюдимый?
- Он дружелюбный и энергичный.

- *Are you tall or short?*
- *I am average height.*
- *How tall are you?*
- *I am a hundred and sixty nine centimeters tall.*
- *Are you overweight or slim?*
- *I have a slim figure.*
- *What type of hair do you have?*
- *I have long straight thick hair.*
- *What shape is your face?*
- *I have a typically European face.*
- *What color are your eyes?*
- *I have blue eyes.*
- *What are you like? Describe yourself.*
- *I have a straight nose and small ears. I have a long neck and slim waist.*
- *Are you weak or strong?*
- *I am strong and energetic.*
- *How would people describe you?*
- *My husband says I am beautiful.*
- *Is your friend Yevgeny tall or short?*
- *He is tall.*
- *What type of figure does he have?*
- *He is muscular.*
- *Does he have long or short hair?*
- *He has short wavy hair.*
- *What shape is his face?*
- *He has a typically European face.*
- *Does your friend have a straight or crooked nose?*
- *He has a straight nose.*
- *Is he friendly or unsociable?*
- *He is friendly and energetic.*

Гений – это 1% вдохновения и 99% пота.
Genius is 1% inspiration and 99% perspiration.

Упражне́ние 1 Вы́берите пра́вильный отве́т. *Choose a correct answer.*

1) А́ня <u>сре́днего</u>/высо́кого ро́ста. — *Anya is of a medium height/tall.*
2) Она́ име́ет стро́йную/спорти́вную фигу́ру. — *She is slender/built.*
3) У неё дли́нные/коро́ткие прямы́е/волни́стые — *She has long/short straight/wavy hair.*
4) У неё типи́чно европе́йское/азиа́тское лицо́. — *Her face is typically European/Asian.*
5) Её глаза́ голубы́е/чёрные, у́ши ма́ленькие/ — *Her eyes are blue/black, her ears are small/big.*
6) У неё дли́нная/то́нкая ше́я и то́нкая/дли́нная — *She has a long/narrow neck and a narrow/long waist.*
7) Она́ си́льная/сла́бая и энерги́чная/лени́вая. — *She is strong/weak and energetic/lazy.*

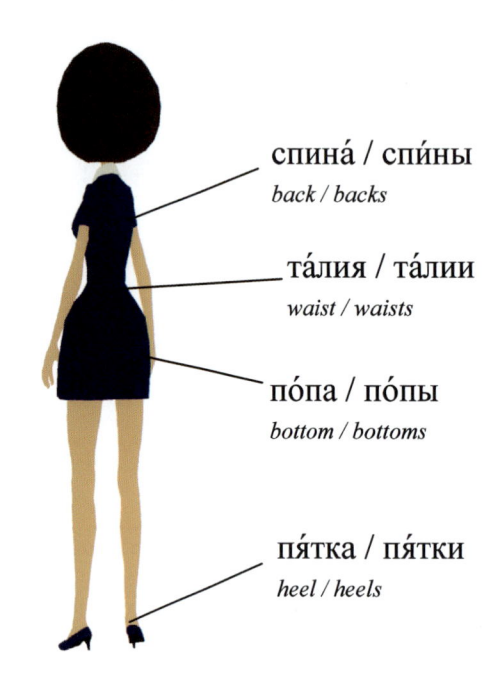

спина́ / спи́ны
back / backs

та́лия / та́лии
waist / waists

по́па / по́пы
bottom / bottoms

пя́тка / пя́тки
heel / heels

The months in Russian are very similar to the months in English. The gender of all months in Russian is masculine. Note: the months start with a small letter unless they are at the beginning of a sentence.

Зи́мние ме́сяцы - декабрь, янва́рь, февра́ль. *Winter months are December, January, February.*
Весе́нние ме́сяцы - ма́рт, апре́ль, май. *Spring months are March, April, May.*
Ле́тние ме́сяцы - ию́нь, ию́ль, а́вгуст. *Summer months are June, July, August.*
Осе́нние ме́сяцы - сентя́брь, октя́брь, ноя́брь. *Autumn months are September, October, November.*

В ма́е мы бы́ли в Эрмита́же. *We were in the Hermitage Museum in May.*
В декабре́ хо́лодно, но нет сне́га. *It is cold in December, but there is no snow.*
С сентября́ она́ вы́шила 3 но́вых карти́ны. *She has embroidered 3 new pictures since September.*
Я нахожу́сь в Росси́и с ма́я. *I have been in Russia since May.*

Demonstrative Pronouns

A demonstrative pronoun is used to point out a noun or to indicate what you are talking about with your body. Russian demonstrative pronouns э́тот *(this)* and тот *(that)*.

Pronoun э́тот *(this)* is used to indicate something close by: Э́тот журна́л на ру́сском языке́. *This magazine is in Russian.*

Pronoun тот *(that)* is used to indicate something not so close. Тот журна́л на англи́йском языке́. *That magazine is in English.*

Тот *(that)* can be used as the second element of an opposition. Compare:

Э́тот дом мой, а тот моего́ дру́га. *This house is mine, and that one is of my friend.*

Э́тот студе́нт рабо́тает в торго́вой фи́рме, а тот студе́нт рабо́тает администра́тором компью́терной се́ти. *This student works at a retail company and that student is a computer network administrator.*

Masculine gender - э́тот *(this)*, тот *(that)*:

Э́тот дом нахо́дится за магази́ном. *This house is situated behind the store.*

Neuter gender - это *(this)*, то *(that)*:

Я люблю́ ходи́ть в это кафе́. *I like to go to this café.*

Feminine gender - эта *(this)*, та *(that)*:

Э́та карти́на вы́шита знамени́той худо́жницей. *This picture was embroidered by a famous artist.*

All plural - эти *(these)*, те *(those)*:

Э́ти кни́ги прия́тно чита́ть, осо́бенно по вечера́м. *It is pleasant to read these books, especially in the evenings.*

Упражне́ние 2 Вы́берите пра́вильный отве́т. *Choose a correct answer.*

1) Дека́брь ле́тний/<u>зи́мний</u> ме́сяц. — December is a summer/winter month.
2) Апре́ль весе́нний/зи́мний ме́сяц. — April is a spring/winter month.
3) Ию́нь ле́тний/зи́мний ме́сяц. — June is a summer/winter month.
4) Октя́брь осе́нний/зи́мний ме́сяц. — October is a autumn/winter month.
5) А́вгуст ле́тний/зи́мний ме́сяц. — August is a summer/winter month.
6) Март весе́нний/зи́мний ме́сяц. — March is a spring/winter month.
7) Май ле́тний/весе́нний ме́сяц. — May is a summer/spring month.
8) Июль ле́тний/зи́мний ме́сяц. — July is a summer/winter month
9) Февра́ль осе́нний/зи́мний ме́сяц. — February is a autumn/winter month
10) Янва́рь ле́тний/зи́мний ме́сяц. — January is a summer/winter month
11) Ноя́брь осе́нний/зи́мний ме́сяц. — November is a autumn/winter month
12) Сентя́брь осе́нний/весе́нний ме́сяц. — September is a autumn/spring month

---

Бу́ря в стака́не.
Storm in a cup.

Отсу́тствие новосте́й - э́то хоро́шая но́вость.
No news is good news

Мой дом - моя́ кре́пость.
My house is my castle.

Глава 4
Семья

Я за́мужем уже́ во́семь лет. В мое́й семье́ четы́ре (4) челове́ка. Это я, муж и дво́е (2) дете́й. Моего́ му́жа зову́т Русла́н. Ему́ три́дцать два (32) го́да. Он рабо́тает врачо́м. На́шего сы́на зову́т Са́ша. Ему́ три (3) го́да. На́шу дочь зову́т На́стя, ей семь (7) лет. Она́ шко́льница. Мы живём отде́льно от роди́телей в кварти́ре. Моего́ па́пу зову́т Алекса́ндр. Ему́ пятьдеся́т лет. Мою́ ма́му зову́т Татья́на, ей со́рок пять (45) лет. У меня́ есть брат Алексе́й. Ему́ два́дцать (20) лет и он студе́нт. У меня́ есть тётя и два (2) дя́ди. Они́ живу́т в дере́вне. Мои́ ба́бушка и де́душка то́же живу́т в дере́вне. Им по се́мьдесят (70) лет. Они́ пенсионе́ры. У меня́ есть двою́родная сестра́ О́льга. Ей семна́дцать (17) лет. У меня́ нет племя́нников и племя́нниц.

Евге́ний жена́т во второ́й (2) раз. Он жена́т то́лько два (2) ме́сяца. Его́ жену́ зову́т Ири́на. Ей два́дцать во́семь (28) лет. Она́ худо́жница. У них ещё нет дете́й. Но у Евге́ния есть сын от пе́рвого бра́ка. Его́ зову́т Серёжа. Ему́ пять (5) лет. У Евге́ния есть сестра́ Али́на. Ей два́дцать два (22) го́да. Али́на у́чится на после́днем ку́рсе университе́та. Роди́тели Евге́ния уже́ пенсионе́ры. Они́ живу́т недалеко́ от Евге́ния, на сосе́дней у́лице. У Евге́ния есть дя́дя. Его́ зову́т Михаи́л. Он живёт в Росси́и. Его́ де́душка и ба́бушка живу́т вме́сте с его́ роди́телями. У Евге́ния ещё нет племя́нников и племя́нниц.

Unit 4
Family

I have been married for eight years already. There are four people in my family. It is me, my husband and two children. My husband's name is Ruslan. He is thirty two years old. He works as a doctor. Our son's name is Sasha. He is three years old. Our daughter's name is Nastya, she is seven years old. She is a student. We live apart from our parents in an apartment. My father's name is Aleksandr. He is fifty years old. My mother's name is Tatyana, she is forty five years old. I have a brother Aleksey. He is twenty years old student. I have one aunt and two uncles. They live in the countryside. My grandmother and grandmother also live in the countryside. They both are seventy years old. They are pensioners. I have a cousin Olga. She is seventeen years old. I do not have any nephews or nieces.

Yevgeny has been married twice. He has been married for only two months. His wife's name is Irina. She is twenty eight years old. She is an artist. They do not have any children yet. Yevgeny has a son from the first marriage. His name is Seryozha. He is five years old. Yevgeny has a sister Alina. She is twenty two years old. Alina is in her last year of college. Yevgeny's parents are already pensioners. They live close to Yevgeny, in the adjacent street. Yevgeny has an uncle. His name is Mihail. He lives in Russia. His grandmother and grandfather live with his parents. Yevgeny does not have any nephews or nieces yet.

How to ask a name

Как тебя́/Вас зову́т? *What is your name?*
Как его́ зову́т? *What is his name?*
Как её зову́т? *What is her name?*
Как их зову́т? *What are their names?*

How to say a name

Меня́ зову́т А́ня. *My name is Anya.*
Его́ зову́т Евге́ний. *His name is Yevgeny.*
Её зову́т На́стя. *Her name is Nastya.*
Их зову́т Али́на и Михаи́л. *Their names are Alina and Mihail.*

Обычные вопросы и ответы / Common questions and answers

- Вы женаты или свободны?
- Я замужем.
- Как давно Вы замужем?
- Уже восемь (8) лет.
- Вы живёте с родителями?
- Нет, мы живём отдельно.
- Сколько человек в Вашей семье?
- Четыре (4). Я, муж и двое (2) детей.
- Как зовут Вашего мужа?
- Его зовут Руслан.
- Кем он работает?
- Он врач.
- Как зовут Ваших детей?
- Нашего сына зовут Саша, а дочь Настя.

- Сколько им лет?
- Саше три (3) года, а Насте семь (7) лет.

- Как зовут Вашего папу? И сколько ему лет?
- Его зовут Александр, ему пятьдесят (50) лет.
- А как зовут Вашу маму? И сколько лет ей?
- Маму зовут Татьяна, ей сорок пять (45) лет.
- У Вас есть брат или сестра?
- У меня есть брат Алексей.
- Сколько ему лет?
- Ему двадцать лет.
- Ваш брат учится или работает?
- Он ещё учится, он студент.
- У Вас есть тётя или дядя?
- У меня есть тётя и два (2) дяди.
- Где они живут?
- Они живут в деревне.
- Где живут Ваши бабушка и дедушка?

- Они тоже живут в деревне.
- Сколько им лет?
- Им по семьдесят (70) лет.

- Are you married or single?
- I am married.
- How long have you been married for?
- Already eight years.
- Do you live with your parents?
- No, we live apart.
- How many people are there in your family?
- Four: me, my husband and two children.
- What is your husband's name?
- His name is Ruslan.
- What does he do?
- He is a doctor.
- What are your children's names?
- Our son's name is Sasha, our daughter's name is Nastya.
- How old are they?
- Sasha is three years old, Nastya is seven years old.
- What is your father's name? And how old is he?
- His name is Aleksandr, he is fifty years old.

- What is your mother's name? And how old is she?
- My mother's name is Tatyana, she is forty five years old.
- Do you have any brothers or sisters?
- I have one brother Aleksey.
- How old is he?
- He is twenty years old.
- Does your brother study or work?
- He still studies, he is a student.
- Do you have any aunts or uncles?
- I have one aunt and two uncles.
- Where do they live?
- They live in the countryside.
- Where do your grandmother and grandfather live?
- They also live in the countryside.
- How old are they?
- They are both seventy years old.

- У Вас есть двою́родные бра́тья и́ли сёстры?	- Do you have any cousins?
- У меня́ есть двою́родная сестра́ О́льга.	- I have one cousin Olga.
- Ско́лько ей лет?	- How old is she?
- Ей семна́дцать лет.	- She is seventeen years old.
- У Вас есть племя́нники?	- Do you have any nephews or nieces?
- У меня́ нет племя́нников и племя́нниц.	- I have neither nephews nor nieces.
- Ваш друг Евге́ний жена́т и́ли свобо́ден?	- Is your friend Yevgeny married or single?
- Он жена́т во второ́й раз.	- He has been married twice.
- Давно́ ли он жена́т?	- Has he been married for a long time?
- Он жена́т всего́ два (2) ме́сяца.	- He has been married for two months.
- Как зову́т его́ жену́?	- What is his wife's name?
- Её зову́т Ири́на.	- His wife's name is Irina.
- Ско́лько ей лет?	- How old is she?
- Ири́не два́дцать во́семь (28) лет.	- Irina is twenty eight years old.
- Кем она́ рабо́тает?	- What does she do?
- Она́ худо́жница.	- She is an artist.
- У них уже́ есть де́ти?	- Do they already have children?
- Нет, ещё нет. Но у него́ есть сын от пе́рвого бра́ка.	- Not yet. But he has a son from the first marriage.
- Как его́ зову́т и ско́лько ему́ лет?	- What is his name and how old is he?
- Его́ зову́т Серёжа, ему́ пять (5) лет.	- His name is Seryozha, he is five years old.
- У Евге́ния есть брат и́ли сестра́?	- Does Yevgeny have any brothers or sisters?
- У него́ есть сестра́ Али́на.	- He has a sister Alina.
- Ско́лько ей лет?	- How old is she?
- Ей два́дцать два (22) го́да.	- She is twenty two years.
- Она́ рабо́тает и́ли у́чится?	- Does she work or study?
- Она́ у́чится на после́днем ку́рсе университе́та.	- She is in her last year in college.
- Где живу́т роди́тели Евге́ния?	- Where do Yevgeny's parents live?
- Они́ живу́т недалеко́ от него́, на сосе́дней у́лице.	- They live close to him, in the adjacent street.
- У него́ есть дя́дя и́ли тётя?	- Does he have any uncles or aunts?
- У него́ есть дя́дя Михаи́л.	- He has an uncle Mihail.
- Где он живёт?	- Where does he live?
- Он живёт в Росси́и.	- He lives in Russia.
- Де́душка и ба́бушка Евге́ния живу́т отде́льно от него́?	- Do Yevgeny's grandfather and grandmother live apart from him?
- Да, они́ живу́т с его́ роди́телями.	- Yes, they live with his parents.
- У него́ есть племя́нники?	- Does he have any nephews or nieces?
- Нет, племя́нников у него́ нет.	- No, he has neither nephews or nieces.

Упражнéние 1 Вы́берите прáвильный вариáнт из словáрного бáнка ни́же.
Fill in the gaps with the correct word from the word bank below.

> у меня́ есть, у нас есть, у неё есть, у неё есть, у неё есть, у них есть, у негó есть, у негó есть, у негó есть, у тебя́ есть, у вас есть

1) Я женáт. У <u>меня́ есть</u> дéти. — *I am married. I have*

2) Ты зáмужем. ……………………………………… муж. — *You are married. You*

3) Мы роди́тели. ……………………………………… дéти. — *We are parents. We*

4) Вы дéти. ……………………………………… роди́тели. — *You are children. You*

5) Э́то пáпа. ……………………………………… сын и дочь. — *This is a father. He has*

6) Э́то мáма. ……………………………………… сын. — *This is a mother. She*

7) Э́то дéдушка. ……………………………………… внук. — *This is a grandfather.*

8) Э́то брат. ……………………………………… сестрá. — *This is a brother. He has a sister.*

Числи́тельные *Numerals*

Cardinal masc./fem.	Ordinal masc./fem.	Example
1 - оди́н/однá	пéрвый/пéрвая	У меня́ оди́н брат и однá сестрá.
2 - два/две	вторóй/вторáя	У меня́ два брáта и две сестры́.
3 - три	трéтий/трéтья	У меня́ три брáта и три сестры́.
4 - четы́ре	четвёртый/четвёртая	У меня́ четы́ре брáта и четы́ре сестры́.
5 - пять	пя́тый/пя́тая	У меня́ пять брáтьев и пять сестёр.
6 - шесть	шестóй/шестáя	У меня́ шесть брáтьев и шесть сестёр.
7 - семь	седьмóй/седьмáя	У меня́ семь брáтьев и семь сестёр.
8 - вóсемь	восьмóй/восьмáя	У меня́ вóсемь брáтьев и вóсемь сестёр.
9 - дéвять	девя́тый/девя́тая	У меня́ дéвять брáтьев и дéвять сестёр.
10 - дéсять	деся́тый/деся́тая	У меня́ дéсять брáтьев и дéсять сестёр.

Упражнéние 2 Вы́берите пра́вильный вариа́нт местоимéния. *Choose a correct pronoun.*

1) Я молодо́й челове́к. Мне/~~ему́~~ два́дцать лет. — *I am a young man. I/He am twenty years old.*
2) Ты молода́я же́нщина. Им/тебе́ два́дцать пять лет. — *You are a young woman. They/You are twenty five years old.*
3) Они́ шко́льники. Ей/им по семь лет. — *They are school children. He/They are seven years old.*
4) Мы пенсионе́ры. Им/нам по се́мьдесят лет. — *We are retired. We are seventy years old.*
5) Вы взро́слый мужчи́на. Нам/вам со́рок пять лет. — *You are an adult man. We/You are forty five years old.*
6) Он молодо́й челове́к. Ей/ему́ восемна́дцать лет. — *He is a young man. She/He is eighteen years old.*
7) Она́ ма́ленькая де́вочка. Тебе́/ей пять лет. — *She is a little girl. You/She is five years old.*
8) Вы ми́лая стару́шка. Вам/тебе́ во́семьдесят лет. — *You are a nice elderly lady. You/You are eighty years old.*
9) Я пенсионе́р. Ему́/мне се́мьдесят лет. — *I am a pensioner. He/I am seventy years old.*

Dative pronouns		
Nominative Имени́тельный	**Dative** Да́тельный	**Example** Приме́р
Я	Мне	Да́йте мне бана́н, пожа́луйста. *Give me a banana, please.*
Мы	Нам	Да́йте нам бана́ны, пожа́луйста. *Give us some bananas, please.*
Ты	Тебе́	Вот тебе́ бана́н, пожа́луйста. *Here is a banana for you, please.*
Вы/вы	Вам/вам	Вот Вам/вам бана́ны, пожа́луйста. *Here are some bananas for you, please.*
Он	Ему́	Да́йте ему́ бана́н, пожа́луйста. *Give him a banana, please.*
Она́	Ей	Да́йте ей бана́н, пожа́луйста. *Give her a banana, please.*
Оно́	Ему́	Да́йте ему́ бана́н, пожа́луйста. *Give it a banana, please.*
Они́	Им	Да́йте им бана́ны, пожа́луйста. *Give them some bananas, please.*

Упражне́ние 3 Отве́тьте пи́сьменно на вопро́сы. *Answer these questions in writing.*

1) Вы жена́ты и́ли свобо́дны? *Are you married or single?*

   ....

2) Вы живёте с роди́телями? *Do you live with your parents?*

   ....

3) Ско́лько челове́к в Ва́шей семье́? *How many people are there in your family?*

   ....

4) У Вас есть брат и́ли сестра́? *Do you have any brothers and sisters?*

   ....

5) Как зову́т Ва́ших роди́телей? *What are your parents' names?*

   ....

6) Кем рабо́тает Ваш муж/жена́? *What does your husband/wife do?*

   ....

7) Ва́ши роди́тели живу́т отде́льно от Вас? *Do your parents live apart from you?*

   ....

8) Где живу́т Ва́ши де́душка и ба́бушка? *Where do your grandmother and grandfather live?*

   ....

9) Ско́лько лет Ва́шим де́тям? *How old are your children?*

   ....

10) Ваш брат/сестра́ у́чится и́ли рабо́тает? *Does your brother/sister study or work?*

    ....

11) У Вас есть племя́нники? *Do you have any nieces or nephews?*

    ....

12) Как зову́т Ва́шего бра́та и́ли сестру́? *What is your brother's/sister's name?*

    ....

Шу́тка	*A joke*
Сын: Я не могу́ сего́дня идти́ в шко́лу.	Son: I cannot go to school today.
Па́па: Почему́ нет?	Father: Why not?
Сын: Я чу́вствую себя́ пло́хо.	Son: I feel bad.
Па́па: Где?	Father: Where?
Сын: В шко́ле!	Son: In school!

Всё хорошо́, что хорошо́ конча́ется.
All is well that ends well.

Глава 5

Мой дом

Я живу́ в кварти́ре в многоэта́жном до́ме. В до́ме де́вять этаже́й. На пе́рвом этаже́ нахо́дятся магази́ны. Моя́ кварти́ра на второ́м этаже́. В до́ме есть лифт. Я е́зжу на ли́фте и́ли поднима́юсь пешко́м по ле́стнице. В мое́й кварти́ре две ко́мнаты – спа́льня и зал. У меня́ в кварти́ре больша́я ва́нная ко́мната, туале́т и ку́хня, где есть все необходи́мое. Ва́нная и туале́т разде́льные. У меня́ два балко́на, оди́н на ку́хне, друго́й в за́ле. Коридо́р широ́кий и дли́нный. За кварти́ру я плачу́ шестьсо́т рубле́й в ме́сяц.

Евге́ний живёт в своём до́ме. Его́ дом двухэта́жный. На пе́рвом этаже́ нахо́дится ку́хня, ва́нная, туале́т, гости́ная и две спа́льни. На второ́м этаже́ нахо́дится де́тская, кабине́т, спортза́л и билья́рдная. В до́ме Евге́ния ку́хня совмещена́ со столо́вой, поэ́тому э́та ко́мната получи́лась о́чень больша́я. В спортза́ле есть мно́го тренажёров и всё необходи́мое для трениро́вок. Дом Евге́нию стро́или по его́ со́бственному прое́кту.

Unit 5

My house

I live in an apartment in a multistory house. There are nine floors in the house. There are some shops on the ground floor. My apartment is on the second floor. There is an elevator in the house. I take the elevator or climb the stairs. There are two rooms in my apartment – a bedroom and a living room. I have a big bathroom, a toilet and a kitchen where there is everything necessary. The bathroom and the toilet are separate. I have two balconies, one in the kitchen and the other one in the living room. The corridor is wide and long. I pay six hundred rubles rent.

Yevgeny lives in his own house. His house is two-story. There is a a kitchen, a bathroom, a toilet, a living room and two bedroom on the ground floor. There is a nursery, an office, a gym and a billiard room. The kitchen is combined with the dining room in Yevgeny's house, that is why the room is so big. There are many machines and everything necessary to work out in the gym. Yevgeny's house has been built according to his own design.

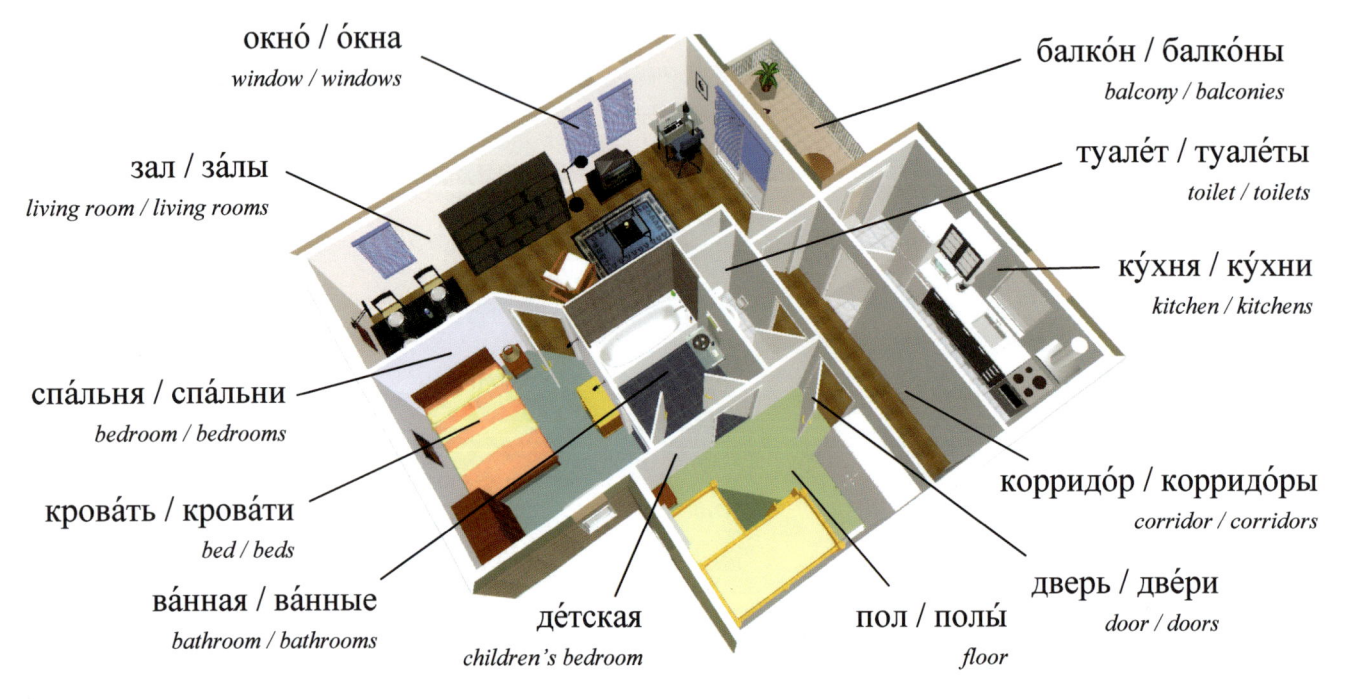

окно́ / о́кна
window / windows

балко́н / балко́ны
balcony / balconies

зал / за́лы
living room / living rooms

туале́т / туале́ты
toilet / toilets

ку́хня / ку́хни
kitchen / kitchens

спа́льня / спа́льни
bedroom / bedrooms

крова́ть / крова́ти
bed / beds

коридо́р / коридо́ры
corridor / corridors

ва́нная / ва́нные
bathroom / bathrooms

де́тская
children's bedroom

пол / полы́
floor

дверь / две́ри
door / doors

Обычные вопросы и ответы — Common questions and answers

- У Вас дом или квартира?
- У меня квартира.
- Сколько в доме этажей?
- В доме девять этажей.
- Сколько в квартире комнат?
- В квартире две комнаты.
- На каком этаже Ваша квартира?
- Моя квартира на втором этаже, а на первом находятся магазины.
- Туалет и ванная у Вас совместные или раздельные?
- Туалет и ванная совместные.
- Есть ли у Вас дома балкон?
- Да, у меня два балкона. Один на кухне, другой в зале.
- В Вашем доме есть лифт?
- Да, есть.
- Какой у Вас коридор?
- Коридор широкий и длинный.
- У Вас дома есть детская комната?
- Нет, но скоро будет.
- Кухня у Вас большая или маленькая?
- Моя кухня большая.
- Сколько Вы платите за жильё в месяц?
- За квартиру я плачу около шестисот рублей в месяц.
- Евгений живёт в квартире или в своём доме?
- Евгений живёт в своём доме.
- Сколько этажей в его доме?
- Его дом двухэтажный.
- Что находится на первом этаже?
- На первом этаже находится кухня, ванная, туалет, гостиная и две спальни.
- А что находится на втором этаже?
- На втором этаже находится детская, кабинет, спортзал и бильярдная.

- Do you have a house or an apartment?
- I have an apartment.
- How many floors are there in the house?
- There are nine floors in the house.
- How many rooms are there in the apartment?
- There are two rooms in the apartment.
- Which floor is your apartment on?
- My apartment is on the second floor, there are stores on the ground floor.
- Are your toilet and bathroom together or separate?
- The toilet and bathroom are together.
- Is there a balcony in your house?
- Yes, I have two balconies. One is in the kitchen, the other one is in the living room.
- Is there an elevator in your house?
- Yes, there is.
- What corridor do you have?
- My corridor is wide and long.
- Is there a nursery in your house?
- No, but there will be one soon.
- Is your kitchen big or small?
- My kitchen is big.
- How much rent do you pay monthly?
- I pay about six hundred rubles rent.
- Does Yegveny live in an apartment or his own house?
- Yevgeny lives in his own house.
- How many floors are there in his house?
- His house is two-story.
- What is there on the ground floor?
- There is a kitchen, a bathroom, a toilet, a living room and two bedroom on the ground floor.
- What is there on the second floor?
- There is a nursery, an office, a gym and a billiard room.

Упражне́ние 1 Прочита́йте текст Мой дом. Вы́берите пра́вильный вариа́нт соотве́тствующий те́ксту. *Read the text My House. Choose a correct answer according to the text.*

1) Её кварти́ра в многоэта́жном/~~двухэта́жном~~ до́ме. *Her apartment is in a multistory/two-story house.*
2) В до́ме де́вять/пять этаже́й. *There are nine/five floors in the house.*
3) На пе́рвом этаже́ нахо́дятся о́фисы/магази́ны. *There are offices/stores on the ground floor.*
4) Моя́ кварти́ра на пя́том/второ́м этаже́. *My apartment is on the fifth/second floor.*
5) В до́ме есть лифт/нет ли́фта. *There is/isn't an elevator in the house.*
6) В мое́й кварти́ре три/две ко́мнаты. *There are three/two rooms in the house.*
7) У неё больша́я/ма́ленькая ва́нная. *She has a big/small bathroom.*
8) Ва́нная и туале́т разде́льные/совме́стные. *The bathroom and toilet are separate/together.*
9) У неё два/три балко́на. *She has two/three balconies.*
10) Коридо́р широ́кий/у́зкий. *The corridor is wide/narrow.*
11) Дом Евге́ния двухэта́жный/пятиэта́жный. *Yevgeny's house is two-story/five-story.*
12) В спортза́ле мно́го тренажёров/столо́в. *There are many machines/tables in the gym.*

Conjuctions и *(and)*, и́ли *(or)*, но *(but)* join words or independent clauses that are grammatically equal or similar. These conjunctions show that the elements they join are similar in importance and structure.
Евге́ний разгова́ривает на ру́сском и англи́йском языка́х. *Yevgeny speaks Russian and English.*
Я родила́сь в Доне́цке, но учу́сь я в Симферо́поле. *I was born in Donetsk, but I study in Simferopol.*
Он живёт в своём до́ме и́ли кварти́ре? *Does he live in his own house or flat?*

Упражне́ние 2 Вы́берите пра́вильный отве́т. *Choose a correct answer.*

1) Это хоро́ший шко́льник/~~шко́льники~~.
2) Это на́ши роди́тель/роди́тели.
3) Мой де́душка/де́душки врач.
4) Его́ ма́ма/ма́мы блонди́нка.
5) Мой па́пы/па́па космона́вт.
6) На́ша семья́/се́мьи больша́я.
7) Э́тот магази́н/магази́ны ма́ленький.
8) Моя́ ба́бушка/ба́бушки уме́ет вяза́ть.
9) Моя́ кварти́ра/кварти́ры на пя́том этаже́.
10) Это больши́е ко́мнаты/ко́мната.
11) Это пе́рвый эта́ж/этажи́.
12) Балко́н/балко́ны дли́нный.

Шу́тка	A joke
Учи́тель: Ге́рман, назови́ два местоиме́ния. Студе́нт: Кто, я? Учи́тель: Пра́вильно!	Teacher: Herman, name two pronouns. Student: Who, me? Teacher: Correct!

Упражне́ние 3 Запо́лните описа́ние кварти́ры А́ни. *Fill in the description of Ann's apartment.*

1) А́ня живёт в кварти́ре в многоэта́жном ……… — *Ann lives in an apartment in a multi-story **house**.*

2) В до́ме де́вять …………………………….. — *There are nine **floors** in the house.*

3) На пе́рвом этаже́ нахо́дятся …………………….. — *There are some **shops** on the ground floor.*

4) Её кварти́ра на второ́м …………………………….. — *Her apartment is on the second*

5) В до́ме есть …………………………….……... — *There is an **elevator** in the house.*

6) Она́ е́здит на ……………….….. и́ли поднима́ется пешко́м по …………………….….………….. — *She takes **elevator** or climbs **the stairs**.*

7) В кварти́ре две ………………. – спа́льня и зал. — *There are two **rooms** in the apartment – a bedroom and a living room.*

8) Ва́нная и туале́т …………………….……..………. — *The bathroom and toilet are **big**.*

9) В кварти́ре два …………………….…..……….. — *There are two **balconies** in the house.*

10) Коридо́р …………………….……..………. — *The corridor is **wide and long**.*

Conjunctions and comma

When a conjunction joins independent clauses, it is always correct to place a comma before the conjunction:

Я люблю́ смотре́ть пье́сы в теа́тре, но я обы́чно смотрю́ фи́льмы до́ма. *I like watching plays in the theatre, however I usually watch films at home.*

However, if the independent clauses are short and well-balanced, a comma is not really essential:

На выходны́х мы с му́жем хо́дим кафе́ и́ли в го́сти к друзья́м. *My husband and I go to a café or visit our friends at weekends.*

When "and" is used with the last word of a list, a comma is omitted:

Я зна́ю таки́х худо́жников как Пика́ссо, Ван Гог, Ши́шкин и Айвазо́вский. *I know painters Picasso, Van Gogh, Shishkin and Aivazovsky.*

Глава 6

Распорядок дня

Обычно я встаю в шесть (6:00) утра. Иду в ванную, чищу зубы, умываюсь и расчёсываю волосы. Затем я завтракаю. Мой завтрак длится примерно двадцать минут (20). Я работаю с восьми (8:00) утра до пяти (5:00) вечера. Поэтому сразу после завтрака я бегу на работу. Я выхожу из дома в семь часов двадцать минут (7:20). Я прихожу на работу в семь часов сорок пять минут (7:45). Мой обеденный перерыв длится с часу дня (1:00) до часа сорока пяти минут (1:45). Я прихожу с работы в шесть часов вечера (6:00). После работы я захожу в магазин и покупаю продукты. Вечером примерно в семь часов (7:00) я со своей семьёй ужинаю. Обычно мы ужинаем дома, но иногда ходим в ресторан. Наш ужин длится примерно полчаса. После ужина я люблю смотреть телевизор. Затем иду в ванную чистить зубы. И в одиннадцать часов (11:00) я ложусь спать.

Евгений встаёт в семь часов тридцать минут (7:30). Каждое утро он делает зарядку. Это длится примерно полчаса. Затем он идёт в ванную. Он чистит зубы, умывается и бреется. Обычно он не завтракает, только пьёт кофе. Евгений работает с десяти (10:00) утра и до шести (6:00) вечера. На работу он выходит примерно в девять часов тридцать минут (9:30). До работы ему идти всего десять-пятнадцать (10-15) минут. Обед у него начинается в два часа дня (2:00) и заканчивается в два часа сорок пять минут (2:45). Приходит Евгений домой примерно в семь часов вечера (7:00). Ужинает он со своей семьёй около восьми часов (8:00). Это у них занимает полчаса. Затем Евгений любит поиграть на компьютере. Около двенадцати часов (12:00) ночи он обычно ложится спать.

Unit 6

Daily routine

I usually get up at 6AM. I go to the bathroom, brush my teeth, wash, and comb my hair. Then I have breakfast. My breakfast usually lasts twenty minutes. I work from 8am through 5PM. This is why I rush to work right after breakfast. I leave home at 7:20AM. I make it to work at 7:45AM. My lunch break lasts from 1:00PM through 1:45PM. I come home after work at 6:00PM. After work I go shopping and buy produce. In the evening, at around 7:00PM I have dinner with my family. We usually dine at home but we sometimes eat out in a restaurant. Our dinner lasts approximately half an hour. After dinner I love to watch TV. Then I go to the bathroom to brush my teeth. I go to bed at 11:00pm.

Yevgeny gets up at 7:30AM. He takes exercises every morning. They last about half an hour. Then he goes to the bathroom. He brushes his teeth, washes and shaves. He doesn't usually have breakfast, he only drinks coffee. Yevgeny works from 10:00AM though 6:00PM. He leaves for work at around 9:30AM. He walks to work for ten-fifteen minutes. His lunch starts at 2:00PM and ends at 2:45PM. Yevgeny comes home at around 7:00PM. He has dinner with his family at around at 8:00PM. It takes them about half an hour. Then Yevgeny loves to play computer games. He goes to sleep at about midnight.

Обы́чные вопро́сы и отве́ты

Common questions and answers

- Во ско́лько Вы просыпа́етесь?
- Обы́чно в шесть утра́.
- Что Вы пото́м де́лаете?
- Я иду́ в ва́нную. Там я умыва́юсь, чи́щу зу́бы и расчёсываю во́лосы.
- Когда́ Вы за́втракаете?
- Сра́зу по́сле ва́нной.
- Ско́лько вре́мени дли́тся Ваш за́втрак?
- Мой за́втрак дли́тся приме́рно два́дцать мину́т.
- До кото́рого ча́са Вы рабо́таете?
- С восьми́ (8:00) и до пяти́ (5:00).
- Вы идёте на рабо́ту сра́зу по́сле за́втрака и́ли нет?
- Да, сра́зу бегу́ на рабо́ту.
- Во ско́лько Вы выхо́дите из до́ма на рабо́ту?

- Я выхожу́ из до́ма в семь часо́в два́дцать мину́т (7:20).
- Во ско́лько Вы прихо́дите на рабо́ту?
- Я прихожу́ на рабо́ту в семь часо́в со́рок пять мину́т (7:45).
- Когда́ у Вас обе́денный переры́в?
- Мой обе́денный переры́в начина́ется в час дня (1:00) и зака́нчивается в час со́рок пять (1:45).
- Во ско́лько Вы возвраща́етесь с рабо́ты домо́й?
- Я прихожу́ с рабо́ты в шесть часо́в ве́чера (6:00)
- Что Вы де́лаете по́сле рабо́ты?
- Иду́ в магази́н за проду́ктами, а пото́м сра́зу домо́й.
- Во ско́лько Вы у́жинаете?
- Приме́рно в семь часо́в ве́чера (7:00)
- Где Вы обы́чно у́жинаете?
- До́ма, иногда́ хо́дим в рестора́н.

- Как до́лго дли́тся Ваш у́жин?
- Приме́рно полчаса́.

- *What time do you get up?*
- *Usually at 6AM.*
- *What do you do then?*
- *I go to the bathroom. I wash, brush my teeth and comb my hair there.*
- *When do you have breakfast?*
- *Right after washing.*
- *How long does your breakfast last for?*
- *My breakfast lasts approximately twenty minutes.*
- *What time do you work to?*
- *From 8:00AM though 5:00PM.*
- *Do you go to work right after breakfast or not?*
- *Yes, I rush to work right after breakfast.*
- *What time do you leave for work?*

- *I leave home at 7:20AM.*

- *What time do you make it to work?*
- *I make it to work at 7:45AM.*

- *When do you have your lunch break?*
- *My lunch break begins at 1:00PM and finishes at 1:45PM.*

- *What time do you come home after work?*

- *I come home at 6:00PM.*

- *What do you do after work?*
- *I go shopping for produce and then immediately home.*
- *What time do you have dinner?*
- *At around 7:00PM.*
- *Where do you usually have dinner?*
- *At home, we sometimes eat out in a restaurant.*
- *How long does your dinner last?*
- *Around half an hour.*

- Что Вы де́лаете по́сле у́жина?	- What do you do after dinner?
- Люблю́ посмотре́ть телеви́зор.	- I love to watch TV.
- Вы на ночь чи́стите зу́бы?	- Do you brush your teeth in the evening?
- Всегда́.	- Always.
- Во ско́лько Вы ложи́тесь спать?	- What time do you go to bed?
- Обы́чно в оди́ннадцать часо́в (11:00) я уже́ сплю.	- Usually I am already asleep by 11:00PM.
- Во ско́лько Евге́ний просыпа́ется у́тром?	- What time does Yevgeny wake up in the morning?
- Он встаёт в семь часо́в три́дцать мину́т (7:30).	- He gets up at 7:30AM.
- Де́лает ли он заря́дку?	- Does he take exercises?
- Он де́лает заря́дку ка́ждое у́тро.	- He takes exercises every morning.
- Как до́лго он де́лает заря́дку?	- How long does he take exercises?
- О́коло получа́са.	- Around half an hour.
- Что Евге́ний де́лает по́сле заря́дки?	- What does Yevgeny do after exercises?
- Он идёт в ва́нную чи́стить зу́бы, умыва́ться и	- He goes to the bathroom to brush his teeth, wash and shave.
- Когда́ он за́втракает?	- When does he have breakfast?
- Обы́чно он не за́втракает. Пьёт то́лько ко́фе.	- He doesn't usually have breakfast. He only drinks coffee.
- До кото́рого ча́са он рабо́тает?	- What time does he get off from work?
- Он рабо́тает с десяти́ утра́ (10:00) и до шести́ ве́чера (6:00).	- He works from 10:00AM through 6:00PM.
- Во ско́лько Евге́ний выхо́дит из до́ма на рабо́ту?	- What time does Yevgeny leave home for work?
- Он выхо́дит на рабо́ту приме́рно в де́вять часо́в три́дцать мину́т (9:30).	- He leaves home for work at about 9:30AM.
- Когда́ у него́ начина́ется обе́денный переры́в?	- What time does his lunch break start?
- Переры́в у него́ начина́ется в два часа́ дня (2:00), и зака́нчивается в два часа́ со́рок пять мину́т (2:45).	- His lunch break starts at 2:00PM and ends at 2:45PM.
- Во ско́лько Евге́ний возвраща́ется домо́й?	- What time does Yevgeny come back home?
- Прихо́дит Евге́ний домо́й приме́рно в семь часо́в ве́чера (7:00)	- Yevgeny comes home at about 7:00PM.
- В кото́ром часу́ он у́жинает со свое́й семьёй?	- What time does he have dinner with his family?
- Приме́рно о́коло восьми́ часо́в ве́чера (8:00).	- Approximately at 8:00PM.
- Ско́лько вре́мени занима́ет у́жин?	- How much time does dinner take?
- Э́то занима́ет у них полчаса́.	- It takes them half an hour.
- Чем обы́чно занима́ется Евге́ний по́сле у́жина?	- What does Yevgeny do after dinner?
- По́сле у́жина Евге́ний лю́бит поигра́ть на компью́тере.	- After dinner Yevgeny likes to play computer games.
- Во ско́лько Евге́ний ложится спать?	- What time does Yevgeny go to bed?
- О́коло двена́дцати часо́в но́чи (12:00).	- At about midnight.

Упражнéние 1 Запóлните распорядок дня Áни испóльзуя словá из словáрного бáнка. *Fill in the description of Ann's daily routine with the words from the word bank.*

приходить/come идти/go ~~просыпáться/wake up~~ чистить/brush расчёсывать/comb зáвтракать/have breakfast приходить/come умывáться/wash рабóтать/work ложиться спать/go to bed любить/like идти/go ходить/go бежáть/rush чистить/brush teeth ужинать/have dinner заходить/come in выходить/leave

Обычно Áня *просыпáется* в шесть утрá. Онá ……………………… в вáнную, ……………………… зýбы, ……………………… и ……………………… вóлосы. Затéм онá ……………………… Онá ……………………… с восьми утрá до пяти вéчера. Поэтому срáзу пóсле зáвтрака онá ……………………… на рабóту. Онá ……………………… из дóма в семь часóв двáдцать минýт (7:20). Áня ……………………… на рабóту в ….. Её обéденный перерыв длится с….. до….. Онá ……………………… с рабóты в……. Пóсле рабóты Áня ……………………… в магазин и ……………………… продýкты. Вéчером примéрно в семь часóв (7:00) онá со своéй семьёй ……………………… Обычно они ……………………… дóма, но иногдá ……………………… в ресторáн. Пóсле ýжина Áня ……………………… смотрéть телевизор. Затéм онá ……………………… в вáнную ……………………… зýбы. И в (11:00) Áня ……………………… спать.

Ann usually wakes up at 6AM. She goes to the bathroom, brushes her teeth and combs her hair. Then she has breakfast. She works from 8AM through 5PM. That is why she rushes to work right after breakfast. She leaves home at 7:20AM. She make it to work at ... Her lunch break lasts ... through ... She gets off work at ... After work Ann goes to the store and buys produce. In the evening, at about 7PM, she has dinner with her family. They usually dine at home but sometimes they eat out in a restaurant. Ann likes to watch TV after dinner. Then she goes to the bathroom to brush her teeth. At 11PM Ann goes to bed.

Conjugation of verb хотéть

Infinitive: хотéть *(want)*
Я хочý *(I want)*
Ты хóчешь *(you want)*
Он, онá, онó хóчет *(he, she, it wants)*
Мы хотим *(we want)*
Вы/вы хотите *(you want)*
Они хотят *(they want)*

Напримéр:
- Ты хóчешь пойти со мнóй в библиотéку?
- Нет, мой друг и я хотим пойти в кинó.
- *Do you want to go with me to the library?*
- *No, my friend and I want to go to the cinema.*

Упражнéние 2 Соединúте лúнией вопрóсы с отвéтами. *Match the questions with the answers. Use translation if you do not understand well.*

1. С кем ты ýжинаешь?
2. С котóрого чáса ты рабóтаешь?
3. Во скóлько ты просыпáешься?
4. Кудá ты захóдишь пóсле рабóты?
5. Во скóлько ты выхóдишь из дóма?
6. Как дóлго длúтся ваш ýжин?
7. Что ты дéлаешь пóсле вáнной?
8. Ты идёшь на рабóту срáзу пóсле зáвтрака?
9. Что ты дéлаешь пóсле ýжина?
10. Скóлько врéмени длúтся твой зáвтрак?
11. Во скóлько ты прихóдишь домóй?
12. Во скóлько ложúшься спать?
13. Во скóлько ты прихóдишь на рабóту?
14. Где вы обы́чно ýжинаете?
15. С котóрого чáса у тебя́ обéденный перерыв?

a. Обы́чно я просыпáюсь в шесть утрá.
b. Пóсле вáнной я зáвтракаю.
c. Мой зáвтрак длúтся примéрно двáдцать минýт.
d. Я рабóтаю с восьмú утрá.
e. Да, срáзу бегý на рабóту.
f. Я выхожý из дóма в семь часóв двáдцать минýт.
g. Я прихожý на рабóту в семь часóв сóрок пять минýт.
h. Мой обéденный перерыв начинáется в час дня.
i. Я прихожý с рабóты в шесть часóв вéчера.
j. Пóсле рабóты я захожý в магазúн.
k. Я ýжинаю со своéй семьёй.
l. Обы́чно мы ýжинаем дóма.
m. Наш ýжин длúтся примéрно полчасá.
n. Пóсле ýжина я люблю́ смотрéть телевúзор.
o. В одúннадцать часóв вéчера я ложýсь спать.

Comparative form of adjectives

You can form the comparative of adjective by adding –ее (-ей), -е, -ше: длúнный *(long)* - длиннéе/длиннéй *(longer)*, красúвый *(beautiful)* - красивéе/красивéй *(more beautiful)*, тóнкий *(thin)* - тóньше *(thinner)*. Common exceptions: хорóший *(good)* - лýчше *(better)*, плохóй *(bad)* - хýже *(worse)*.

You can form the comparative of adjective by adding the words бóлее *(more)*, мéнее *(less)*: ýмный *(clever)* - бóлее/мéнее ýмный *(more/less clever)*, нúзкий *(low)* - бóлее/мéнее нúзкий *(lower/less low)*, дружелю́бный *(friendly)* - бóлее/мéнее дружелю́бный *(more/less friendly)*.

Евгéний встаёт рáньше, чем я. *Yevgeny gets up earlier than I do.*   Note: *than* - чем
Эта прогрáмма бóлее интерéсная, чем та. *This program is more interesting than that one.*

1.	Who do you have dinner with?	a.	I usually wake up at 6AM.
2.	What time do you start work?	b.	I have breakfast after washing.
3.	What time do you wake up?	c.	My breakfast takes about twenty minutes.
4.	Where do you go after work?	d.	I start work at 8AM.
5.	What time do you leave home?	e.	Yes, I immediately rush to work.
6.	How long does your dinner last?	f.	I leave home at 7:20AM.
7.	What do you do after washing?	g.	I make it to work at 7:45AM.
8.	Do you go to work right after breakfast?	h.	My lunch break starts at 1PM.
9.	What do you do after dinner?	i.	I come home after work at 6PM.
10.	How long does your breakfast take?	j.	I go to the store after work.
11.	What time do you come home?	k.	I have dinner with my family.
12.	What time do you go to bed?	l.	We usually dine at home.
13.	What time do you make it to work?	m.	Our dinner usually lasts about half an hour.
14.	Where do you usually have dinner?	n.	I like to watch TV after dinner.
15.	What time does your lunch break start?	o.	I go to bed at 11PM.

Superlative form of adjectives

You can form the superlative by adding -ейший, -айший: умнéйший *(the cleverest)*, сильнéйший *(the strongest)*.

Он умнéйшие человéк. *He is the cleverest person.*

You can form the superlative form of adjective by adding the words сáмый, наибóлее, наимéнее:
ýмный *(clever)* - сáмый ýмный/ наибóлее ýмный *(the cleverest)*, наимéнее умный *(the least clever).*

Сáмое хорóшее кафé нáшего гóрода нахóдится на ул. Пýшкина. *The best café of our town is in Pushkina Street.*

Лéна сáмая ýмная ученúца нáшего клáсса. *Lena is the cleverest pupil of our class.*

Adverbs of place and direction are not derived from adjectives. They have no special adverbial suffix. They do not change their form for gender, number, and case, i.e. they are invariable.

Adverbs of place Где? *Where?*

здесь, тут *(here)*, там *(there)*, дóма *(at home)*, далекó *(far away)*, внизý *(below)*, вверхý *(above, upstairs)*, сзáди *(behind)*, слéва *(on the left)*, спрáва *(on the right)*, впередú *(ahead)*

Adverbs of direction Куда? *Where to?*

сюдá *(here)*, тудá *(there, that way)*, домóй *(home)*, далекó *(far away)*, вниз *(down)*, вверх/наврéх *(up)*, назáд *(back)*, налéво *(to the left)*, напрáво *(to the right)*, вперёд *(ahead)*

Я здесь. Идú сюдá. *(I am here. Come here.)*
Онá там. Идú тудá. *(She is there. Go there.)*
Он дóма. Идú домóй. *(He is at home. Go home.)*
Онú внизý. Идúте вниз. *(They are below. Go down.)*
Мы наверхý. Идúте наврéх. *(We are upstairs. Go upstairs.)*
Я сзáди. Идú назáд. *(I am behind. Come behind.)*

Глава́ 7
Геогра́фия

Я живу́ в го́роде Доне́цк. Доне́цк нахо́дится в Украи́не. В Доне́цке прожива́ет бо́лее миллио́на челове́к. Доне́цк располо́жен в ю́го-восто́чной ча́сти Украи́ны. Украи́на омыва́ется Азо́вским и Чёрным моря́ми. Днепр – э́то са́мая больша́я река́ Украи́ны. На за́паде Украи́ны располо́жены го́ры Карпа́ты. Кры́мские го́ры располо́жены на полуо́строве Крым. Украи́на нахо́дится в восто́чной ча́сти Евро́пы.

Кро́ме Евро́пы существу́ют други́е контине́нты, таки́е как А́зия, А́фрика, Се́верная и Ю́жная Аме́рика, Австра́лия, Антаркти́да. Есть четы́ре океа́на – Ти́хий, Атланти́ческий, Инди́йский и Се́верный Ледови́тый океа́н.

Active participles have three genders:
Masculine: пи́шущий ма́льчик *(a writing boy)*
Feminine: пи́шущая де́вочка *(a writing girl)*
Neuter: игра́ющее дитя́ *(a playing baby)*

Active participles have two numbers:
Singular: рабо́тающий челове́к *(a working person)*
Plural: рабо́тающие лю́ди *(working people)*

Unit 7
Geography

I live in the city of Donetsk. Donetsk is in Ukraine. Over a million people live in Donetsk. Donetsk is situated in the south-eastern part of Ukraine. Ukraine has access to the Sea of Azov and the Black Sea. The Dnieper River is the longest river of Ukraine. There are the Carpathian Mountains in the west of Ukraine. The Crimean Mountains are situated in the peninsula of Crimea. Ukraine is in the eastern part of Europe.

Besides Europe, there are other continents, such as Asia, Africa, North and South America, Australia, Antarctica. There are four oceans – the Pacific, Atlantic, Indian and Arctic Ocean.

Стра́ны, где говоря́т на ру́сском языке́.
Countries where Russian is spoken.

Обы́чные вопро́сы и отве́ты

Common questions and answers

- В како́м го́роде Вы живёте?
- Я живу́ в го́роде Доне́цк.
- Ско́лько люде́й живёт в э́том го́роде?
- В Доне́цке живёт бо́лее миллио́на челове́к.
- В како́й стране́ нахо́дится Доне́цк?
- Доне́цк располо́жен в стране́ Украи́на.
- В како́й ча́сти Украи́ны располо́жен Доне́цк?
- Доне́цк располо́жен в ю́го-восто́чной Украи́не.
- Каки́м мо́рем омыва́ется Украи́на?
- Украи́на омыва́ется Азо́вским и Чёрным мо́рем.
- Кака́я река́ в Украи́не са́мая больша́я?
- Днепр – са́мая больша́я река́ в Украи́не.
- Где располо́жены го́ры Карпа́ты?
- Карпа́ты нахо́дятся на за́паде Украи́ны.
- Каки́е го́ры есть на полуо́строве Крым?
- На полуо́строве Крым располо́жены Кры́мские го́ры.
- На како́м контине́нте нахо́дится Украи́на?
- Украи́на располо́жена в Евро́пе.
- В како́й ча́сти Евро́пы располо́жена Украи́на?
- Украи́на нахо́дится в восто́чной ча́сти Евро́пы.
- Каки́е контине́нты кро́ме Евро́пы Вы зна́ете?
- Кро́ме Евро́пы есть контине́нты А́зия, Се́верная и Ю́жная Аме́рика, А́фрика, Австра́лия, Антаркти́да.
- Каки́е океа́ны есть на Земле́?
- Есть четы́ре океа́на – Ти́хий, Атланти́ческий, Инди́йский и Се́верный Ледови́тый океа́н.

- Which city do you live in?
- I live in the city of Donetsk.
- How many people live in this city?
- Over a million people live in Donetsk.
- Which country is Donetsk situated in?
- Donetsk is situated in Ukraine.
- Which part of Ukraine is Donetsk situated in?
- Donetsk is situated in south-eastern part of Ukraine.
- What sea is Ukraine washed by?
- Ukraine is washed by the Sea of Azov and the Black Sea.
- Which is the longest river in Ukraine?
- The Dnieper River is the longest river in Ukraine.
- Where are the Carpathian Mountains situated?
- The Carpathian Mountains are situated in the west of Ukraine.
- What mountains are there in the peninsula of Crimea?
- There are the Crimean Mountains in the peninsula of Crimea.
- In which continent is Ukraine situated?
- Ukraine is situated in Europe.
- Which part of Europe is Ukraine situated in?
- Ukraine is situated in the eastern part of Europe.
- What continents do you know besides Europe?
- Besides Europe there are continents such as Asia, North and South America, Africa, Australia, Antarctica.
- What oceans are there on the Earth?
- There are four oceans – the Pacific, Atlantic, Indian and Arctic Ocean.

Упражне́ние 1 Соста́вьте расска́з о себе́, заполня́я про́пуски. *Describe yourself, filling in the gaps.*

Я живу́ в го́роде ………………….................. . Го́род

…………….................. нахо́дится в …………………..

В …………………….. живёт ……….………………….

……………………. челове́к. Го́род ……………………..

располо́жен в ………….…………ча́сти …………………..

…………………………………….. Моя́ страна́ омыва́ется

………………………………………………………………..

Са́мая больша́я река́ …………………….............……..

В …………………………………........ ча́сти мое́й

страны́ располо́жены го́ры ………………………………. .

Моя́ страна́ нахо́дится в …………………………………

ча́сти …………………………………………………… .

I live in the city of ……… The city is situated in ………….. There are …… living in my city. The city of ……… is situated in the ……….. part. My country has access to ……….. The longest river is ………… . In the ………… part of my country there are ………. mountains. My country is situated in the …………………… part ………………………

Active Participle (Present)

The participle is a special form of the verb that combines the qualities of verbs and adjectives. Participle has qualities of verb (tense, aspect, voice). Participle also has qualities of adjective (gender, number, case).

Adjectives are used to describe certain qualities and features of objects: люби́мая вы́шивка *(favorite embroidery)*, свобо́дное вре́мя *(free time)*. If you talk about a quality or a feature that depends on an action, you need to use participles: чита́ющий студе́нт *(a reading student)*, игра́ющая де́вочка *(a playing girl)*. Participles have typical adjectival endings: -ущ, -ющ, -ащ, -ящ.

Писа́ть - пи́шущий челове́к (to write - a writing man)
Ду́мать - ду́мающий студе́нт (to think - a thinking student)
Крича́ть - крича́щий ребёнок (to scream - a screaming child)
Люби́ть - лю́бящий муж (to love - a loving husband)
Я ви́жу игра́ющего ребёнка. *I see a playing child.*
Там сидя́т чита́ющие студе́нты. *There are some reading students sitting over there.*

Упражне́ние 2 Соедини́те ли́нией стра́ны и контине́нты, на кото́рых они́ нахо́дятся, как в приме́ре. *Match the countries with the continents where they are situated as in the example.*

Се́верная Аме́рика	Ю́жная Аме́рика	Евро́па	А́фрика	А́зия
Брази́лия	Япо́ния	Ме́ксика	Венесуэ́ла	Испа́ния
Великобрита́ния	Еги́пет	Ита́лия	Герма́ния	И́ндия
По́льша	США / the USA	Колу́мбия	Кита́й	Чи́ли
Аргенти́на	Гре́ция	Росси́я	Изра́иль	А́встрия
Фра́нция	Шве́ция	Ке́ния	Норве́гия	Кана́да

Days of week

Days of week are not capitalized in Russian, unless they occur in the beginning of a sentence.
Note: a Russian week starts with Monday and ends with Sunday.

Понеде́льник *(Monday)* В понеде́льник мы идём на но́вую рабо́ту. *We go to a new job on Monday.*
Вто́рник (Tuesday) Во вто́рник я купи́ла краси́вое пла́тье. *I bought a new dress on Tuesday.*
Среда́ (Wednesday) В сре́ду у него́ выходно́й. *He has a day off on Wednesday.*
Четве́рг (Thursday) В четве́рг она́ рабо́тает до шести́ часо́в. *She works till 6 o'clock on Thursday.*
Пя́тница (Friday) В пя́тницу мы пьём пи́во. *We drink beer on Friday.*
Суббо́та (Saturday) Ка́ждую суббо́ту они́ е́дут в Крым. *They go to Crimea every Saturday.*
Воскресе́нье (Sunday) В воскресе́нье мы смотре́ли но́вый фи́льм. *We watched a new film on Sunday.*

Упражне́ние 3 Вы́берите пра́вильный вариа́нт. *Choose the correct answer.*

А́ня живёт в Доне́цке / ~~Москве́~~. Доне́цк нахо́дится в Росси́и / Украи́не. В Доне́цке живёт бо́лее / ме́нее миллио́на челове́к. Доне́цк располо́жен в ю́го-восто́чной / се́веро-за́падной ча́сти Украи́ны. Украи́на омыва́ется Азо́вским и Чёрным / Средизе́мным и Балти́йским моря́ми. Днепр / Дуна́й – э́то са́мая больша́я река́ Украи́ны. На за́паде Украи́ны располо́жены го́ры Карпа́ты / А́льпы. Кры́мские го́ры располо́жены на полуо́строве Крым / в Оде́ссе. Украи́на нахо́дится в восто́чной / за́падной ча́сти Евро́пы.

Ann lives in Donetsk / Moscow. Donetsk is situated in Russia / Ukraine. There are over / less than a million people living in Donetsk. Donetsk is situated in the south-eastern / north-western part of Ukraine. Ukraine has access to the Sea of Azov and the Black Sea / the Mediteranean Sea and the Baltic Sea. The Dnieper River / the Danube is the longest river in Ukraine. There are the Carpatian Mountains / the Alps in the west of Ukraine. The Crimean Mountains are situated in the peninsula of Crimea / in Odessa. Ukraine is the eastern / western part of Europe.

Глава 8

Кухня

Моя́ ку́хня больша́я и удо́бная. На мое́й ку́хне есть мно́го поле́зных веще́й. У меня́ есть холоди́льник. Он стои́т в углу́. В нём есть хоро́ший морози́льник. Ещё у меня́ есть ми́ксер и бле́ндер. Они́ стоя́т на по́лке. То́стер стои́т на столе́. Я и́ми ча́сто по́льзуюсь. У меня́ есть кофева́рка. Она́ то́же стои́т на столе́. Я о́чень люблю́ ко́фе. В свое́й микроволно́вой печи́ я разогрева́ю обе́д. Микроволно́вка располо́жена во́зле то́стера. В це́нтре ку́хни стои́т стол и не́сколько сту́льев. На стене́ виси́т телеви́зор. Печь на ку́хне у меня́ га́зовая. На ку́хне есть и горя́чая и холо́дная вода́.

Unit 8

The kitchen

My kitchen is big and comfortable. There are many useful things in my kitchen. I have a refrigerator. It is in the corner. There is a good freezer in it. I also have a mixer and a blender. I keep them on a shelf. The toaster is on the table. I often use them. I have a coffeemaker. It is also on the table. I like coffee very much. I heat my dinner in my microwave oven. The microwave is near the toaster. In the middle of the kitchen there is a table and some chairs. The TV is hanging on the wall. I have a gas stove in my kitchen. I have warm and cold water in my kitchen.

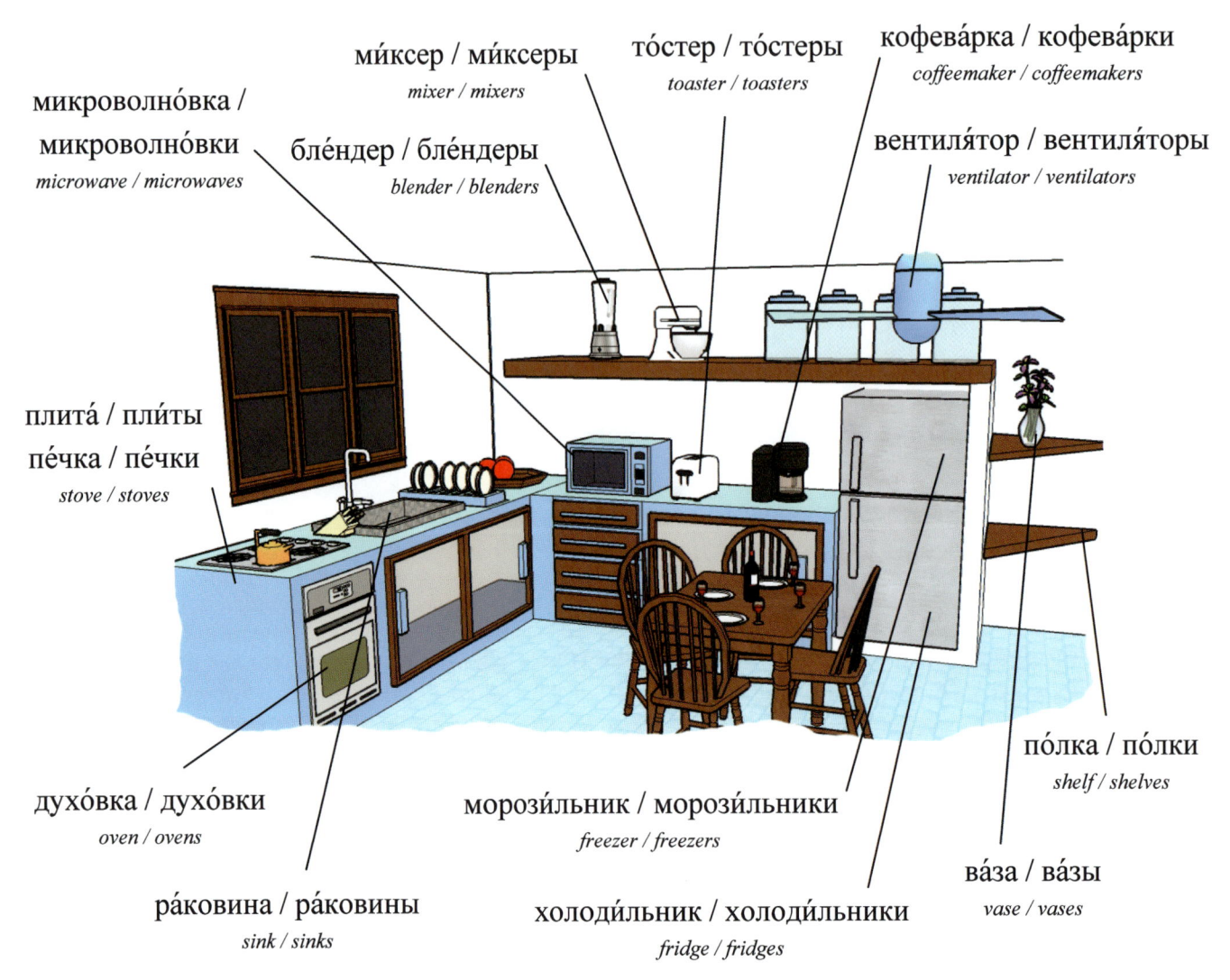

ми́ксер / ми́ксеры
mixer / mixers

то́стер / то́стеры
toaster / toasters

кофева́рка / кофева́рки
coffeemaker / coffeemakers

микроволно́вка / микроволно́вки
microwave / microwaves

бле́ндер / бле́ндеры
blender / blenders

вентиля́тор / вентиля́торы
ventilator / ventilators

плита́ / пли́ты
пе́чка / пе́чки
stove / stoves

духо́вка / духо́вки
oven / ovens

морози́льник / морози́льники
freezer / freezers

по́лка / по́лки
shelf / shelves

ра́ковина / ра́ковины
sink / sinks

холоди́льник / холоди́льники
fridge / fridges

ва́за / ва́зы
vase / vases

Обы́чные вопро́сы и отве́ты | Common questions and answers

- Кака́я у Вас ку́хня?
- Моя́ ку́хня больша́я и удо́бная.
- У Вас есть холоди́льник? Како́й он?
- Да, есть. В нем есть хоро́шая морози́льная ка́мера.
- Где стои́т Ваш холоди́льник?
- Он стои́т в углу́.
- У Вас есть то́стер и́ли бле́ндер?
- У меня́ есть то́стер, бле́ндер и ми́ксер.
- Где они́ нахо́дятся?
- Бле́ндер и ми́ксер стоя́т на по́лке. А то́стер на столе́.
- У Вас есть кофева́рка?
- Да, у меня́ есть кофева́рка. Я о́чень люблю́ ко́фе.
- Где она́ нахо́дится?
- Она́ стои́т на столе́.
- У Вас есть микроволно́вая печь?
- Есть. Я в ней обы́чно разогрева́ю обе́д.
- Где располо́жена микроволно́вка?
- Она́ располо́жена во́зле то́стера.
- У Вас на ку́хне есть ме́бель?
- В це́нтре ку́хни стои́т стол и не́сколько сту́льев.
- У Вас на ку́хне есть электро́ника?
- На стене́ у меня́ виси́т телеви́зор.
- У Вас печь га́зовая и́ли электри́ческая?
- Моя́ печь га́зовая.
- У Вас на ку́хне то́лько холо́дная и́ли горя́чая вода́ есть?
- На ку́хне есть и холо́дная, и горя́чая вода́.

- What kitchen do you have?
- My kitchen is big and comfortable.
- Do you have a refrigerator? What kind?
- Yes, I do. There is a good freezer in it.
- Where is your refrigerator?
- It is in the corner.
- Do you have a toaster or a blender?
- I have a toaster, a blender and a mixer.
- Where are they?
- The blender and the mixer sit on the refrigerator. The toaster is on the table.
- Do you have a coffeemaker?
- Yes, I have a coffeemaker. I like coffee very much.
- Where is it?
- It sits on the table.
- Do you have a microwave oven?
- Yes, I do. I usually warm up my dinner in it.
- Where is your microwave oven?
- It is near the toaster.
- Do you have furniture in the kitchen?
- There is a table and some chairs in the middle of the kitchen.
- Do you have the electronics in the kitchen?
- The TV is hanging on the wall.
- Do you have a gas or electronic stove?
- I have a gas stove.
- In the kitchen do you have cold and warm water?
- There is warm and cold water in my kitchen.

Conjugation of verb бежа́ть

Infinitive: бежа́ть *(run)*
Я бегу́ *(I run)*
Ты бежи́шь *(you run)*
Он, она́, оно́ бежи́т *(he, she, it runs)*
Мы бежи́м *(we run)*
Вы/вы бежи́те *(you run)*
Они́ бегу́т *(they run)*

Наприме́р:

А́нна бежи́т домо́й, а её друзья́ бегу́т в университе́т.

Anna runs home, but her friends run to the University.

Упражнéние 1 Соединúте лúнией рисýнки с предмéтами. *Match the pictures with the objects.*

холодúльник

тóстер

мúксер

блéндер

кофевáрка

микроволнóвка

рáковина

пéчка

вáза

Упражнéние 2 Подчеркнúте прáвильный вариáнт. *Underline the correct answer.*

Холодúльник стоúт в/на углý.	The refrigerator is in/on the corner.
Тóстер, мúксер и блéндер стоят на/в холодúльнике.	The toaster, mixer and blender are on/in the refrigerator.
Вáза стоит в/на пóлке.	The vase is in/on the shelf.
На/в своéй микроволнóвой печú я разогревáю обéд.	On/In my microwave oven I heat my dinner.
Микроволнóвка располóжена вóзле/сзáди тóстера.	The microwave oven is near/behind the toaster.
В/на другóм углý кýхни стоúт стол и небольшáя софá.	In/On the other corner of the kitchen there is a table and a little sofa.
На/в стенé висúт телевúзор.	On/In a wall the TV is hanging.
Печь на/в кýхне гáзовая.	The stove on/in the kitchen is a gas one.

> Тóлько глупцы́ мóгут быть увéрены;
> чтóбы сомневáться трéбуется мýдрость.
> *Only fools can be certain; it takes wisdom to be confused.*

Упражнéние 3 Отвéтьте на вопрóсы. *Answer the questions.*

- Какáя у Вас кýхня? — *What kitchen do you have?*

  Моя кухня большая и удобная. — *My kitchen is big and comfortable.*

- У Вас есть холодúльник? Какóй он? — *Do you have a refrigerator? What kind?*

  ....

- Где стоúт Ваш холодúльник? — *Where is your refrigerator?*

  ....

- У Вас есть тóстер úли блéндер? — *Do you have a toaster or a blender?*

  ....

- Где онú нахóдятся? — *Where are they?*

  ....

- У Вас есть кофевáрка? — *Do you have a coffeemaker?*

  ....

- Где располóжена микроволнóвка? — *Where is your microwave oven?*

  ....

- У Вас на кýхне есть мéбель? — *Do you have furniture in the kitchen?*

  ....

- У Вас на кýхне есть электрóника? — *Do you have the electronics in the kitchen?*

  ....

- У Вас печь гáзовая úли электрúческая? — *Do you have a gas or electronic stove?*

  ....

- У Вас на кýхне тóлько холóдная úли и горя́чая водá есть? — *In the kitchen do you have cold and warm water?*

  ....

Conjugation of verb сидéть

Infinitive: сидéть *(sit)*
Я сижý *(I sit)*
Ты сидúшь *(you sit)*
Он, она, оно сидúт *(he, she, it sits)*
Мы сидúм *(we sit)*
Вы/вы сидúте *(you sit)*
Онú сидя́т *(they sit)*

Напримéр:
Ребёнок сидúт на мáленьком стýле.
A child sits on a small chair.
Мы иногдá сидúм здесь.
We sometimes sit here.

Глава 9

Ли́чная гигие́на

Я о́чень люблю́ купа́ться. Обы́чно я принима́ю душ, но иногда́ люблю́ и в ва́нне полежа́ть. Я всегда́ мо́ю ру́ки, когда́ возвраща́юсь с у́лицы. Умыва́юсь я и у́тром и ве́чером. Я меня́ю носки́ ка́ждый день. Стира́ю свою́ оде́жду ка́ждую неде́лю. Чи́щу зу́бы два ра́за в день. Я купа́юсь у́тром и ве́чером. Я чи́щу свою́ о́бувь ка́ждый день.

Оди́н мой знако́мый не лю́бит купа́ться. Е́сли жа́ркая пого́да, то от него́ ча́сто пло́хо па́хнет. Он не мо́ет ру́ки пе́ред едо́й. Говори́т, что э́то напра́сная тра́та вре́мени. Мо́ется он обы́чно оди́н раз в неде́лю. Он бо́льше лю́бит полежа́ть в ва́нне, чем принима́ть душ. Чи́стит он зу́бы то́лько когда́ вспомина́ет об э́том. Стира́ет свою́ оде́жду, когда́ чи́стой оде́жды уже́ не оста́лось. Носки́ мо́жет не меня́ть неде́лю. В о́бщем, он про́сто грязну́ля.

Unit 9

Personal hygiene

I like to bathe very much. I usually take a shower but sometimes I like to lie in a bath. I always wash my hands, when I come back from the outside. I wash myself in the morning and evening. I change socks every day. I wash my clothes every week. I brush my teeth twice a day. I clean my shoes every day.

One of my acquaintances doesn't like to bathe. If it is hot, he smells badly. He doesn't wash his hands before eating. He says it is a waste of time. He usually washes himself once a week. He prefers to lie in a bath rather than to take a shower. He brushes his teeth only when he remembers. He washes his clothes only when he has no clean clothes left. He may not change the socks the whole week. Generally speaking, he is a slob.

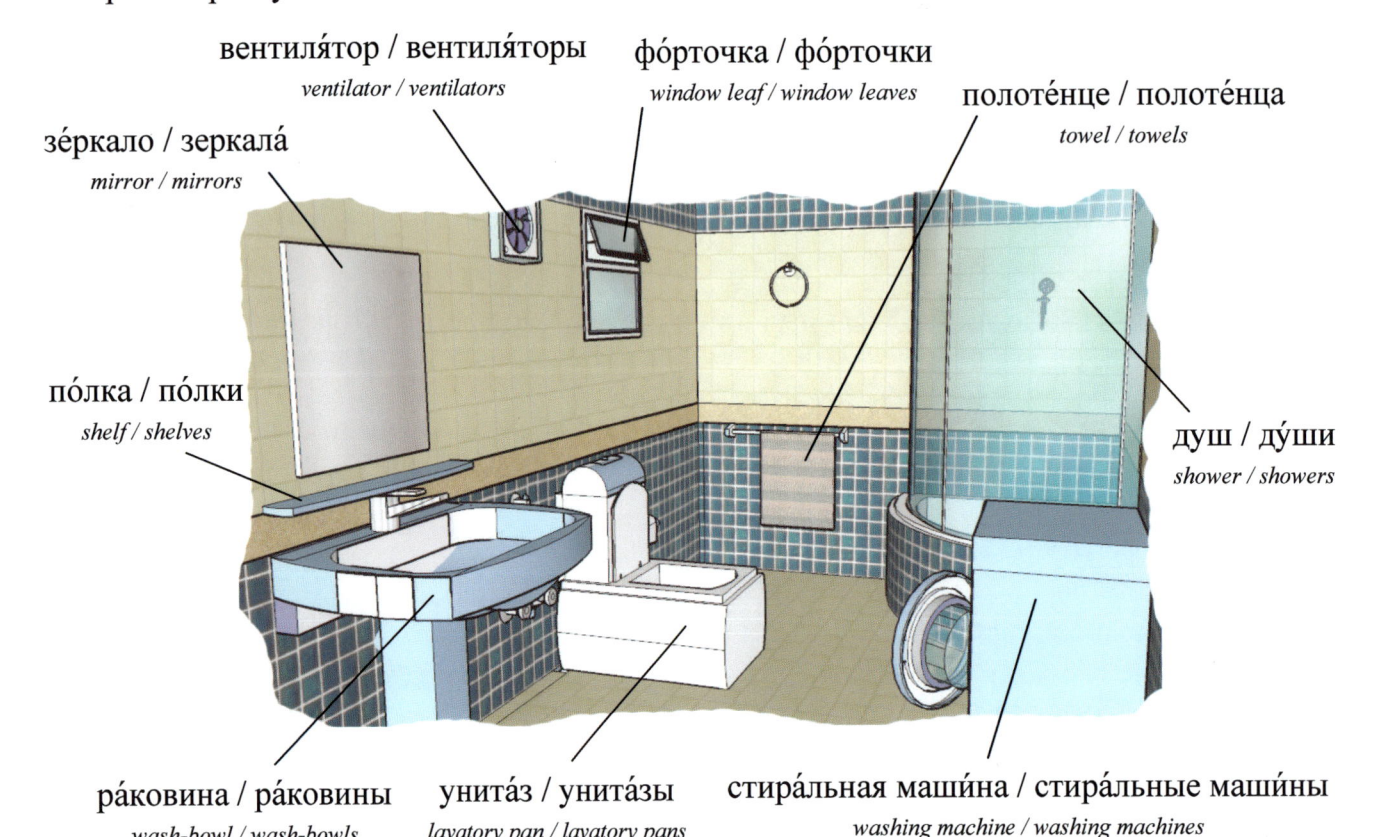

вентиля́тор / вентиля́торы — *ventilator / ventilators*

фо́рточка / фо́рточки — *window leaf / window leaves*

полоте́нце / полоте́нца — *towel / towels*

зе́ркало / зеркала́ — *mirror / mirrors*

по́лка / по́лки — *shelf / shelves*

душ / ду́ши — *shower / showers*

ра́ковина / ра́ковины — *wash-bowl / wash-bowls*

унита́з / унита́зы — *lavatory pan / lavatory pans*

стира́льная маши́на / стира́льные маши́ны — *washing machine / washing machines*

Обы́чные вопро́сы и отве́ты

Common questions and answers

- Вы лю́бите купа́ться?
- Я о́чень люблю́ купа́ться.
- Вы обы́чно принима́ете ва́нну и́ли душ?
- Обы́чно я принима́ю душ, но иногда́ люблю́ и ва́нне полежа́ть.
- Вы мо́ете ру́ки, когда́ возвраща́етесь с у́лицы?
- Всегда́ мо́ю ру́ки по́сле у́лицы.
- Вы умыва́етесь то́лько у́тром и́ли ве́чером то́же?
- Я умыва́юсь и у́тром и ве́чером.

- Ча́сто Вы меня́ете носки́?
- Я меня́ю носки́ ка́ждый день.
- Как ча́сто Вы стира́ете свою́ оде́жду?
- Я стира́ю оде́жду ка́ждую неде́лю.
- Как ча́сто Вы купа́етесь?
- Я купа́юсь у́тром и ве́чером.

- Ско́лько раз в день Вы чи́стите зу́бы?
- Я чи́щу зу́бы два ра́за в день.
- Вы ча́сто чи́стите свою́ о́бувь?
- Я чи́щу свою́ о́бувь ка́ждый день.
- Ваш знако́мый лю́бит купа́ться?
- Мой знако́мый не лю́бит купа́ться.
- Он мо́ет ру́ки пе́ред едо́й?
- Нет, он не мо́ет ру́ки пе́ред едо́й.
- Почему́ он э́того не де́лает?
- Говори́т, что э́то напра́сная тра́та вре́мени.
- Как ча́сто он мо́ется?
- Мо́ется он обы́чно оди́н раз в не́сколько дней.
- Чи́стит он зу́бы два ра́за в день?
- Он чи́стит зу́бы то́лько когда́ вспомина́ет об э́том.
- Ваш знако́мый носки́ меня́ет ка́ждый день?
- Носки́ он мо́жет не меня́ть неде́лю.

- Do you like to bathe?
- I like to bathe very much.
- Do you usually take a bath or a shower?
- I usually take a shower but sometimes I like to lie in a bath.
- Do you wash your hands when you come back from the outside?
- I always wash my hands after being outside.
- Do you wash yourself only in the morning or also in the evening?
- I wash myself both in the morning and in the evening.
- Do you often change your socks?
- I change socks every day.
- How often do you wash your clothes?
- I wash my clothes every week.
- How often do you take a bath or a shower?
- I take a bath or a shower in the morning and evening.
- How many times a day do you brush your teeth?
- I brush my teeth twice a day.
- Do you often clean your shoes?
- I clean my shoes every day.
- Does your acquaintance like to bathe?
- My acquaintance doesn't like to bathe.
- Does he wash his hands before eating?
- No, he doesn't wash his hands before eating.
- Why doesn't he do it?
- He says it is a waste of time.

- How often does he wash himself?
- He usually washes himself once every few days.

- Does he brush his teeth twice a day?
- He brushes his teeth only when he remembers.

- Does your acquaintance change his socks every day?
- He may not change his socks the whole week.

Упражнéние 1 Отвéтьте пи́сьменно на вопро́сы. *Answer these questions in writing.*

1) Вы обы́чно принимáете душ и́ли купáетесь в вáнной? *Do you usually take a shower or a bath?*

   ....

2) Вы всегдá мо́ете рýки пéред едо́й? *Do you always wash your hands before eating?*

   ....

3) Ско́лько раз в день Вы чи́стите зýбы? *How many times a day do you brush your teeth?*

   ....

4) Умывáетесь то́лько ýтром и́ли вéчером тóже? *Do you wash yourself only in the morning or also in the evening?*

   ....

5) Как чáсто Вы менáете носки́? *How often do you change your socks?*

   ....

6) Вы купáетесь ýтром и́ли вéчером? *Do you take a bath or a shower in the morning or in the evening?*

   ....

7) Как чáсто Вы стирáете свою́ одéжду? *How often do you wash your clothes?*

   ....

8) Вы чи́стите свою́ о́бувь кáждый день? *Do you clean your shoes every day?*

   ....

Conjugation of verb есть

Infinitive: есть *(eat)*
Я ем *(I eat)*
Ты ешь *(you eat)*
Он, она́, оно́ ест *(he, she, it eats)*
Мы еди́м *(we eat)*
Вы/вы еди́те *(you eat)*
Они́ едя́т *(they eat)*

Например:
Лéна ест обы́чно на кýхне.
Lena usually eats in the kitchen.
Мы иногдá еди́м в кафé.
We sometimes eat in the café.

Упражнéние 2 Встáвьте словá из грýппы слов. *Choose a word from this group to fill in the gaps.*

чи́щу/brush прихожý/come умывáюсь/wash myself принимáю/take ~~купáться/bathe~~
мóю/wash полежáть/lie чи́щу/brush купáться/bathe меня́ю/change стирáю/wash

Я óчень люблю́ *купáться*. Обы́чно я ……………. душ, но иногдá люблю́ и в вáнне ………………

Я всегдá ………….. рýки когдá ………………….. с ýлицы. ……………………………. я и ýтром и вéчером. Я ……………………………. носки́ кáждый день. Я ……………………….. свою́ одéжду кáждую недéлю. Я …………… зýбы два рáза в день. Я ………………………….. и ýтром и вéчером. Я …………..………………. свою́ óбувь кáждый день.

I like ………….. very much. I usually ………….. a shower but sometimes I like to …………… in a bath. I always …………. I my hands when I …….. …………. from outside. I ………….. both in the morning and evening. I …………….. my socks every day. I ……………… my clothes every day. I ……………… my teeth twice a day. I ……………… in the morning and evening. I ……… my shoes every day.

Absence of there is, there are

In Russian they do not usually use the word есть, имéется *(there is, there are).* However they usually use есть in questions and when you emphasize the presence or existence:

На столé я́блоко. *There is an apple on the table.*
В холоди́льнике есть óвощи? *Are there any vegetables in the fridge?*

-В Донéцке есть интерéсные пáмятники? *Are there any interesting monuments in Donetsk?*
-Да, есть нéсколько. *Yes, there are some.*

Absence is formed with нет:

В Донéцке нет пóрта. *There is no port in Donetsk.*
В холоди́льнике нет сýпа. *There is no soup in the fridge.*

Упражне́ние 3 Отме́тьте пра́вильные утвержде́ния ПРА́ВИЛЬНО, а непра́вильные НЕПРА́ВИЛЬНО и испра́вьте. Снача́ла прочита́йте текст. *Mark the correct statements as CORRECT, those which are incorrect – mark as INCORRECT and correct them. Read the text first.*

1) А́ня не лю́бит купа́ться. *Ann doesn't like to bathe.* НЕПРА́ВИЛЬНО

    А́ня лю́бит купа́ться.

2) А́ня обы́чно принима́ет душ. *Ann usually takes a shower.*

3) Она́ всегда́ мо́ет ру́ки, когда́ прихо́дит с у́лицы. *She always washes her hands when she comes home from outside.*

    ………………………………………………………………………………………………

4) Меня́ет носки́ она́ че́рез день. *She changes her socks every day.*

    ………………………………………………………………………………………………

5) Знако́мый А́ни о́чень лю́бит купа́ться. *An acquaintance of Ann likes to bathe very much.*

    ………………………………………………………………………………………………

6) Носки́ он мо́жет не меня́ть неде́лю. *He may not change his socks for a week.*

    ………………………………………………………………………………………………

7) А́ня чи́стит зу́бы два ра́за в неде́лю. *Ann brushes her teeth twice a week.*

    ………………………………………………………………………………………………

8) Знако́мый не чи́стит зу́бы вообще́. *An acquaintance doesn't brush his teeth at all.*

    ………………………………………………………………………………………………

9) А́ня умыва́ется у́тром и ве́чером. *Ann washes herself in the morning and in the evening.*

10) А́ня чи́стит свою́ о́бувь ка́ждый день. *Ann cleans her shoes every day.*

    ………………………………………………………………………………………………

Conjugation of verb пить

Infinitive: пить *(drink)*
Я пью *(I drink)*
Ты пьёшь *(you drink)*
Он, она́, оно́ пьёт *(he, she, it drinks)*
Мы пьём *(we drink)*
Вы/вы пьёте *(you drink)*
Они́ пьют *(they drink)*

Наприме́р:
Они́ пьют холо́дную во́ду, а моя́ сестра́ пьёт горя́чий чай.
They drink cold water, but my sister drinks hot tea.

Prepositions of time

Preposition в is used with names of months, days of week and years to designate time or date answering the question Когда? *(When?)*:

В э́том году́ он рабо́тает на э́той но́вой фи́рме. *This year he works at this new company.*

В ма́е у меня́ день рожде́ния. *My birthday is in May.*

Preposition че́рез indicates amount of time before the beginning of an action:

Че́рез год мы е́дем в Росси́ю. *We are going to Russia in a year.*

Че́рез два часа́ придёт мой друг. *My friend is coming in two hours.*

Preposition наза́д means *ago*. It is always positioned after the noun:

Неде́лю наза́д он был в Москве́. *He was in Moscow a week ago.*

Мы ви́дели его́ год наза́д. *We saw him a year ago.*

The meaning of о́коло (around) has meanings of *near* and *approximately*:

Мой за́втрак дли́тся о́коло двадцати́ мину́т. *My breakfast usually lasts around twenty minutes.*

The preposition по́сле means *after*:

По́сле у́жина я люблю́ смотре́ть телеви́зор. *I like watching TV after dinner.*

The preposition до means *before* or *until*. It can also mean *by*:

Ка́ждое у́тро он де́лает заря́дку до за́втрака. *He takes exercises before breakfast every morning.*

Я рабо́таю до пяти́ часо́в. *I work till five o'clock.*

Прихо́дит Евге́ний домо́й к 7 часа́м ве́чера. *Yevgeny comes home by 7 o'clock in the evening.*

На протяже́нии *(for/during)* shows some period of time:

На протяже́нии ве́чера он игра́ет на компью́тере. *He plays computer games during the evening.*

С *(since)* is used when an action began in the past and continues till the present moment:

С сентября́ он хо́дит в шко́лу. *He goes to school since September.*

С ... до ... *(from... to...)*:

Он у́жинает со свое́й семьёй с восьми́ до девяти́ часо́в. *He has dinner with his family from eight to nine o'clock.*

Математи́ческая шу́тка

Учи́тель: Ско́лько бу́дет два и два?

Учени́к: Четы́ре.

Учи́тель: Э́то хоро́ший отве́т.

Учени́к: Хоро́ший? Он превосхо́ден!

A math joke

Teacher: What is two and two?

Pupil: Four.

Teacher: That is a good answer.

Pupil: Good? It is perfect!

Глава́ 10

Го́род

Unit 10

Town

Я живу́ на широ́кой и дли́нной у́лице. Во́зле моего́ до́ма располо́жен де́тский сад. На мое́й у́лице есть шко́ла. Она́ располо́жена за продукто́вым магази́ном. Ме́жду де́тским са́дом и обувны́м магази́ном нахо́дится кафе́. О́коло ры́нка располо́жена по́чта. Во́зле моего́ до́ма есть остано́вка, на ней остана́вливается тролле́йбус но́мер во́семь и мно́го авто́бусов. На мое́й у́лице нахо́дятся два ба́нка. На перекрёстке о́коло моего́ до́ма нет светофо́ра. На мое́й у́лице нет пло́щади, но есть центра́льный ры́нок. Пе́ред ры́нком располо́жен университе́т.

I live in a wide and long street. There is a kindergarten next to my house. There is a school in my street. It is situated behind the grocery store. There is a café between the kindergarten and the shoe store. There is a post office close to the market. There is a stop next to my house. The trolleybus number eight and a lot of buses stop there. There are two banks in my street. There are traffic lights in the intersection. There is no square in my street but there is a central market. There is a university situated in front of the market.

гла́вная у́лица / гла́вные у́лицы
main street / streets

на́бережная / на́бережные
embankment / embankments

о́зеро / озёра
lake / lakes

двор / дворы́
yard / yards

перекрёсток / перекрёстки
crossroads

высо́тное зда́ние / высо́тные зда́ния
high-rise building / buildings

Обычные вопросы и ответы

Common questions and answers

- Какая улица, на которой живёт Аня?
- Её улица широкая и длинная.
- Что находится возле её дома?
- Возле её дома расположен детский сад.
- Есть ли на улице школа?
- Да. На улице есть школа. Она расположена за продуктовым магазином.
- Что находится между обувным магазином и детским садом?
- Между обувным магазином и детским садом находится кафе.
- Есть ли на Аниной улице почта?
- Есть, она расположена около рынка.
- Есть ли перекрёстки на улице?
- Есть. Один перекрёсток находится около дома Ани.
- На этом перекрёстке есть светофор?
- Нет, светофора на перекрёстке нет.
- Сколько банков на Аниной улице?
- На её улице расположено два банка.
- На улице есть площадь?
- Нет, но там есть центральный рынок.
- Какой транспорт останавливается на остановке, что возле её дома?
- На этой остановке останавливается троллейбус номер восемь и много автобусов.
- Что расположено перед рынком?
- Перед рынком расположен университет.

- What kind of street does Ann live in?
- Her street is wide and long.
- What is there next to the house?
- There is a kindergarten next to the house.
- Is there a school in the street?
- Yes, there is. There is a school in the street. It is situated behind the grocery store.
- What is there between the shoe store and a kindergarten?
- There is a café between the shoe store and a kindergarten.
- Is there a post office in the Ann's street?
- Yes, there is, it is located near the market.
- Are there any intersections in the street?
- Yes, there is. One intersection is situated next to Ann's house.
- Are there traffic lights in this intersection?
- No, there are no traffic lights in this intersection.
- How many banks are there in Ann's street?
- There are two banks situated in her street.
- Is there a square in her street?
- No, there isn't but there is a central market.
- What means of transport stop next to her house?
- The trolleybus number eight and a lot of buses stop there.
- What is situated in front of the market?
- There is a university situated in front of the market.

Поступки говорят громче, чем слова.
Actions speak louder than words.

И солнце и дождь нужны для прекрасной радуги.
It takes both the sun and the rain to make a beautiful rainbow.

Упражне́ние 1 Отве́тьте на вопро́сы. *Answer the questions.*

1) Кака́я у́лица, на кото́рой Вы живёте? *What kind of street do you live in?*

   Моя́ у́лица у́зкая.

2) Что нахо́дится во́зле Ва́шего до́ма? *What is there next to your house?*

   Во́зле моего́ до́ма есть ....

3) Есть ли на Ва́шей у́лице шко́ла? *Is there a school in your street?*

   На мое́й у́лице есть ....

4) Каки́е дома́ на Ва́шей улице? *What kind of houses are there in your street?*

   ....

5) Есть ли на Ва́шей у́лице по́чта? *Is there a post office in your street?*

   ....

6) Ско́лько ба́нков на Ва́шей у́лице? *How many banks are there in your street?*

   ....

7) На перекрёстке есть светофо́р? *Are there any traffic lights in your intersection?*

   ....

8) Есть на Ва́шей у́лице пло́щадь? *Is there a square in your street?*

   ....

9) Есть остано́вка во́зле Ва́шего до́ма? *Is there a stop next to your house?*

   ....

Шу́тка

Учи́тель: Твоё правописа́ние намно́го

Учени́к: Спаси́бо.

Учи́тель: Тепе́рь дава́й перейдём к

A joke

Teacher: Your spelling is much better. Only five mistakes that time.

Pupil: Thank you.

Teacher: Now let us go on to the next word.

Упражнéние 2 Вы́берите прáвильный вариáнт слов **располóжен** и **нахóдится.** *Choose the correct form of the verbs.*

1) Óколо ры́нка ~~располóжен~~/располóжена пóчта. *Next to the market there is a post office.*
2) Пéред ры́нком располóжена/располóжен университéт. *There is a university in front of the market.*
3) Мéжду обувны́м магази́ном и дéтским сáдом нахóдится/нахóдятся кафé. *There is a café between the shoe store and a kindergarten.*
4) Шкóла располóжен/располóжена за продуктóвым магази́ном. *The school is situated behind the grocery store.*
5) Вóзле дóма располóжены/располóжен дéтский сад. *Next to the house there is a kindergarten.*
6) На ýлице нахóдишься/нахóдятся два бáнка. *There are two banks in the street.*

Шýтка

Прогýливать урóки – э́то как креди́тная кáрточка. Рáдость срáзу, распла́чиваешься пóзже!

A joke

Skipping lessons is like a credit card. Fun now, pay later!

Упражнéние 3 Вы́берите прáвильный вариáнт соотвéтствующий тéксту. *Choose the correct answer according to the text.*

1) Я живý на ширóкой/~~ýзкой~~ ýлице. *I live in a wide/~~narrow~~ street.*
2) Вóзле моегó дóма располóжен дéтский сад/дéтский парк. *Next to my house there is a kindergarten / children's park.*
3) На моéй ýлице есть шкóла/нет шкóлы. *There is/isn't a school in my street.*
4) Онá стои́т за/пéред продуктóвым магази́ном. *It is behind/in front of the grocery store.*
5) Мéжду обувны́м магази́ном и дéтским сáдом нахóдится шкóла/кафé. *There is a school/a café between the shoe store and a kindergarten.*
6) Óколо ры́нка/университéта располóжена пóчта. *There is a post office next to the market/university.*
7) Вóзле моегó дóма есть останóвка. На ней останáвливается троллéйбус нóмер вóсемь/трамвáй нóмер оди́н. *Next to my house there is a stop. A trolleybus number eight/streetcar number one stops there.*
8) На моéй ýлице нахóдятся два бáнка/два ры́нка. *There are two banks/two markets in my street.*
9) На перекрéстке óколо моегó дóма есть светофóр/нет светофóра. *There are/aren't the traffic lights in the intersection next to my house.*
10) Óколо ры́нка/óколо пóчты располóжен университéт. *There is a university next to the market/post office.*

Глава 11

Транспорт

Я езжу на работу с пересадкой. Я сажусь на автобус номер два (2). Еду три (3) остановки, затем выхожу на остановке «Парк». Там я пересаживаюсь на троллейбус номер пять (5). На троллейбусе я еду около пяти (5) минут. Вся дорога у меня занимает около двадцати (20) минут. Есть ещё один путь на работу. Можно добраться на трамвае номер три (3), а затем на автобусе сорок два (42). Этот путь длиннее. Он занимает около сорока (40) минут. От остановки мне до работы идти всего минуту.

Евгений не ездит на работу, он ходит пешком. Его работа находится в четырёх (4) кварталах от его дома. Дорога на работу у Евгения занимает пятнадцать (15) минут. В пяти (5) минутах ходьбы от дома Евгения находится магазин. Каждое утро по пути на работу он заходит в магазин купить кофе и булочку. Это занимает у Евгения около трёх (3) минут. Он проходит через городскую площадь. Это занимает у него четыре (4) минуты. И пару минут у него уходит, чтобы пройти мимо рынка. Сразу за рынком находится офис фирмы, в которой и работает Евгений.

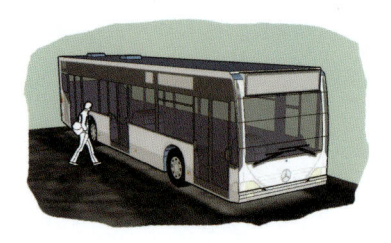

автобус / автобусы
bus / buses

трамвай / трамваи
streetcar / streetcars

троллейбус / троллейбусы
trolleybus / trolleybuses

автобусная / трамвайная остановка / остановки
bus / streetcar stop / stops

Unit 11

Transport

I change the means of transport when I commute to work. I get on a bus number 2. I pass three stops, and then I get off at the "Park" stop. I change there to the trolleybus number 5. I ride on the trolleybus about 5 minutes. The whole way takes me about 20 minutes. There is another way to my work. You can get the by the streetcar number 3, and then the bus number 42. This way is longer. It takes about 40 minutes. I walk to work from the stop for about a minute.

Yevgeny doesn't drive to work, he walks. His work is in about 4 blocks from his house. The way to work takes Yevgeny about 15 minutes. There is a store within a walking distance of 5 minutes from Yevgeny's house. Every morning he stop at the store to buy coffee and a muffin on his way to work. It takes him about 3 minutes. He walks through a city square. It takes 4 minutes. And it takes several more minutes to pass by the market. Right next to the market there is the office of the company in which Yevgeny works.

Обы́чные вопро́сы и отве́ты *Common questions and answers*

- Вы е́здите на рабо́ту с переса́дками и́ли без?
- — *Do you change when you commute to work or not?*
- Я е́зжу на рабо́ту с переса́дкой.
- — *I change when I commute to work.*
- Каки́м тра́нспортом Вы е́здите на рабо́ту?
- — *What means of transport do you use to commute to work?*
- Я сажу́сь на авто́бус но́мер два (2).
- — *I get on a bus number 2.*
- Ско́лько остано́вок Вы на нём проезжа́ете?
- — *How many stops do you pass?*
- Я е́ду три (3) остано́вки, зате́м выхожу́.
- — *I pass 3 stops, and then get off.*
- На како́й остано́вке Вы выхо́дите?
- — *What stop do you get off at?*
- Выхожу́ на остано́вке «Парк».
- — *I get off at "Park" stop.*
- На что Вы там переса́живаетесь?
- — *What means of transport do you change to?*
- Там я переса́живаюсь на тролле́йбус но́мер пять (5).
- — *I change to the trolleybus number five.*
- Как до́лго Вы е́дете на тролле́йбусе?
- — *How long do you ride on the trolleybus for?*
- На тролле́йбусе я е́ду о́коло пяти́ (5) мину́т.
- — *I ride on a trolleybus for about five minutes.*
- Ско́лько вре́мени у Вас занима́ет доро́га на рабо́ту?
- — *How long does the way to work take you?*
- О́коло двадцати́ (20) мину́т.
- — *About 20 minutes.*
- Есть ли у Вас друго́й путь добра́ться на рабо́ту?
- — *Is there any other way you can get to work?*
- Есть. Мо́жно добра́ться на трамва́е но́мер оди́н (1). Зате́м на авто́бусе но́мер со́рок два (42).
- — *Yes, there is. You can get there on a streetcar number 1. Afterwards you take a bus number 42.*
- А ско́лько э́тот путь занима́ет вре́мени?
- — *How long does this way take?*
- Э́тот до́льше. О́коло сорока́ (40) мину́т.
- — *It is longer. About 40 minutes.*
- От остано́вки далеко́ идти́ до рабо́ты?
- — *Do you have walk far to your work from the stop?*
- Нет, всего́ мину́ту.
- — *No, it is only a minute.*
- Каки́м тра́нспортом Евге́ний добира́ется до рабо́ты?
- — *What means of transport does Yevgeny use to commute to work?*
- Евге́ний не е́здит на рабо́ту. Он хо́дит пешко́м.
- — *Yevgeny doesn't commute to work. He walks.*
- Ско́лько вре́мени Евге́ний тра́тит на доро́гу?
- — *How long does the way to work take Yevgeny?*
- Доро́га на рабо́ту у него́ занима́ет пятна́дцать мину́т.
- — *The way to work takes him 15 minutes.*
- Захо́дит ли куда́-нибу́дь Евге́ний по пути́ на рабо́ту?
- — *Does he stop anywhere on his way to work?*
- Ка́ждое у́тро он захо́дит в магази́н купи́ть ко́фе и бу́лочку.
- — *He stops at a store to buy coffee and a muffin in the morning.*

Упражнéние 1 Отвéтьте пи́сьменно на вопро́сы *Answer these question in writing.*

1) На какóй автóбус садúтся Áня? *What bus does Ann get on?*
....

2) Скóлько останóвок он éдет? *How many stops does she pass?*
....

3) На какóй останóвке онá выхóдит? *What stop does she get off on?*
....

4) Скóлько врéмени занимáет вся дорóга у Áни? *How much does the whole way take Ann?*
....

5) Есть ли другóй путь у неё добрáться до рабóты? *Is there any other way she can get to work?*
....

6) От послéдней останóвки далекó идтú до Áниной рабóты? *Does Ann walk far from her last stop to work?*
....

7) Какúм трáнспортом Евгéний добирáется до рабóты? *What means of transport does Yevgeny use to commute to work?*
....

8) Скóлько врéмени у негó занимáет дорóга на рабóту? *How much time does the way to work take him?*
....

9) Зачéм Евгéний захóдит в магазúн кáждое ýтро? *Why does Yevgeny stop at the store every morning?*
....

10) Чéрез какýю достопримечáтельность прохóдит Евгéний? *What city landmarks does Yevgeny pass by?*
....

Упражнéние 2 Потренирýйте произношéние бýквы Ы в словáх нúже. *Practice the pronunciation of the letter Ы in the words below.*

Вы ты выхóдить прáвильный обы́чно полéзный Крым располóжены гóры Карпáты Áльпы выбирáть континéнты стрáны четы́ре океáны

Упражнéние 3 Отвéтьте пи́сьменно на вопрóсы. *Answer these questions in writing.*

1) Скóлько врéмени у Вас занимáет доéхать до рабóты? *How much time does it take you to get to work?*

   Это занимает у меня сорок пять минут.

2) Скóлько врéмени у Вас занимáет приготóвить пи́ццу? *How much time does it take you to cook the pizza?*

   ....

3) Скóлько врéмени у Вас занимáет съесть пи́ццу? *How much time does it take you to eat the pizza?*

   ....

4) Скóлько у Вас занимáет врéмени почи́стить зу́бы? *How much time does it take you to brush your teeth?*

   ....

5) Скóлько у Вас занимáет врéмени приня́ть душ? *How much does it take you to take a shower?*

   ....

6) Скóлько у Вас занимáет врéмени сдéлать это упражнéние? *How much time does it you to do this exercise?*

   ....

Шу́тка

Учи́тель: Дани́л, дай мне примéр двойнóго

Дани́л: Я не знáю ни однóго.
Учи́тель: Великолéпно!

A joke

Teacher: Danil, give me an example of a double negative.

Danil: I don't know none.
Teacher: Excellent!

Есть три ти́па мужчи́н, котóрые не понимáют жéнщин: молоды́е, стáрые и срéднего вóзраста.
There are three kinds of men who don't understand women: young, old and middle-aged.

Я ещё не чу́вствую вóзраста. У души́ нет вóзраста.
I do not feel any age yet. There is no age to the spirit.

Кáждый день мéдленно изменя́ет нáшу жизнь, как кáпающая водá изменя́ет кáмень.
Each day slowly shapes our lives, as dripping water shapes the stone.

Глава 12

Что есть в зале?

Unit 12

What is there in the living room?

В моей квартире самая большая комната - это зал. Он светлый. В этой комнате есть много мебели. В правом углу комнаты стоит диван. Он большой и удобный. Напротив дивана на стене висит телевизор. На полу около окна стоит много ваз с цветами. На стенах комнаты висит несколько картин, которые я сама соткала. В углу расположен домик моей кошки. Под телевизором на тумбочке стоит DVD. На полу находится ковёр. Слева от дивана стоит книжный шкаф. Я люблю читать, поэтому в шкафу есть много разных книг. Напротив дивана стоит столик, за которым я люблю пить чай. В левом углу комнаты стоит большое уютное кресло. В нём удобно читать книги, особенно по вечерам. Возле кресла находится настольная лампа.

The biggest room in my apartment is the living room. There is a lot of furniture in this room. There is a sofa in the right corner. It is big and comfortable. There is a TV hanging on the wall in front of the sofa. There are many vases of flowers on the floor next to the window. There are some picture which I have woven myself on the walls in my living room. There is the little house of my cat in the corner. DVD is situated on the cabinet under the TV. There is a rug on the floor. The bookcase sits on the left of the sofa. I like to read, that is why there are many books in the bookcase. Opposite the sofa there is a table at which I like to have tea. There is a big cozy armchair in the left corner of the room. It is comfortable to read books in it, especially in the evenings. There is a table lamp near the armchair.

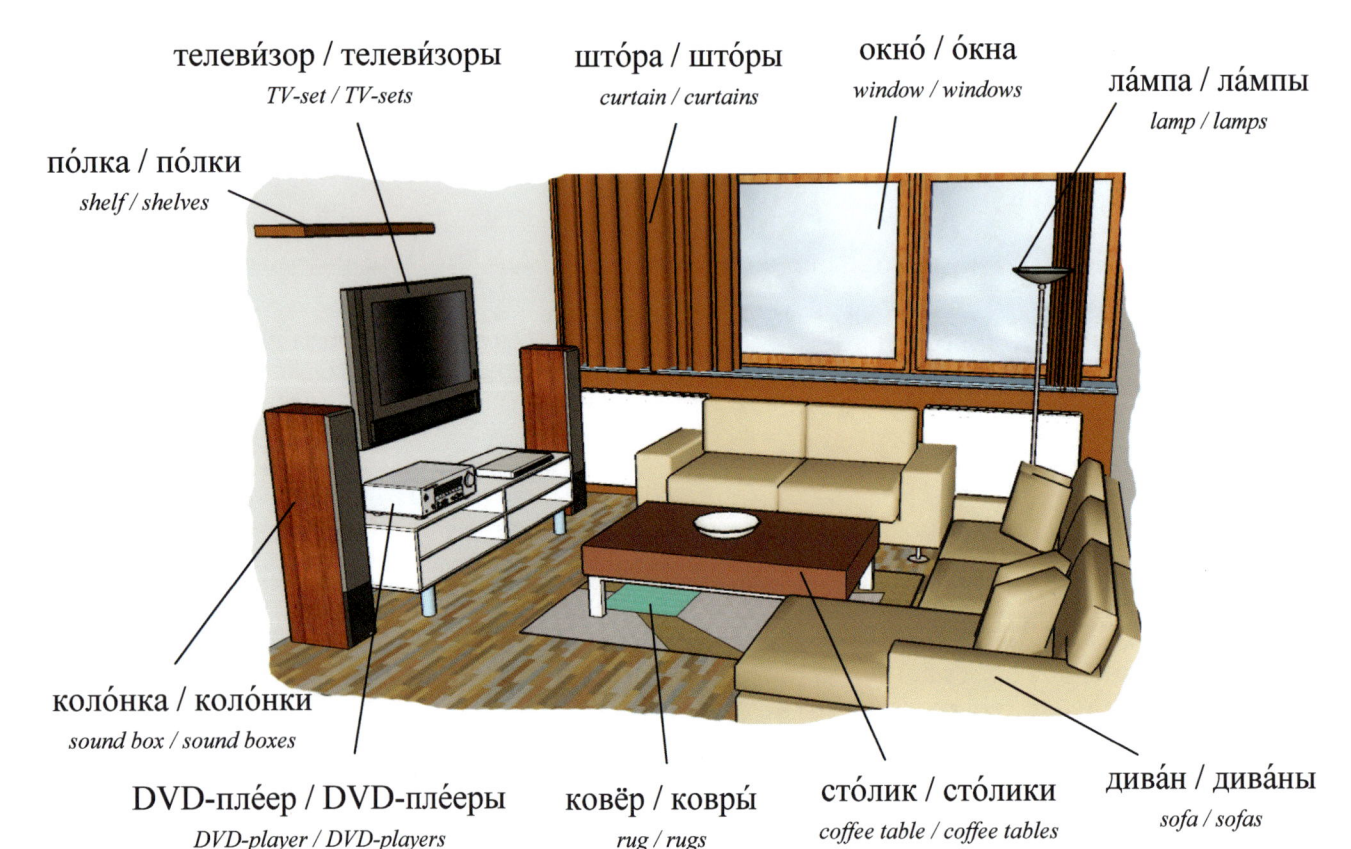

телевизор / телевизоры
TV-set / TV-sets

штора / шторы
curtain / curtains

окно / окна
window / windows

лампа / лампы
lamp / lamps

полка / полки
shelf / shelves

колонка / колонки
sound box / sound boxes

DVD-плеер / DVD-плееры
DVD-player / DVD-players

ковёр / ковры
rug / rugs

столик / столики
coffee table / coffee tables

диван / диваны
sofa / sofas

Обы́чные вопро́сы и отве́ты

Common questions and answers

- А́нин зал большо́й и́ли ма́ленький?
- Он большо́й.
- Что есть в э́той ко́мнате?
- В э́той ко́мнате есть мно́го ме́бели.
- Что стои́т в пра́вом углу́ ко́мнаты?
- В пра́вом углу́ ко́мнаты стои́т дива́н. Он большо́й и удо́бный.
- Есть ли что́-нибу́дь на стене́ напро́тив дива́на?
- Напро́тив дива́на на стене́ виси́т телеви́зор.
- Мно́го цвето́в у А́ни в э́той ко́мнате? Где они́ нахо́дятся?
- Мно́го цвето́в в ва́зах стоя́т на полу́ о́коло окна́.
- Что ещё есть на сте́нах за́ла?
- Не́сколько карти́н, кото́рые А́ня сама́ сотка́ла, виси́т на сте́нах ко́мнаты.
- Что расположе́но в углу́ ко́мнаты?
- В углу́ располо́жен до́мик А́ниной ко́шки.
- Где стои́т DVD?
- Он стои́т под телеви́зором на ту́мбочке.
- Что нахо́дится сле́ва от дива́на?
- Сле́ва от дива́на стои́т кни́жный шкаф. В нём мно́го ра́зных книг.
- Есть ли сто́лик в ко́мнате?
- Да. Он располо́жен напро́тив дива́на.
- А что нахо́дится в ле́вом углу́ ко́мнаты?
- В ле́вом углу́ ко́мнаты стои́т большо́е кре́сло.
- Что располо́жено во́зле кре́сла?
- Во́зле кре́сла стои́т торше́р.

- Is Ann's living room big or small?
- It is big.
- What is there in this room?
- There is a lot of furniture in this room.
- What is there in the right corner of the room?
- In the right corner of the room there is a sofa. It is big and comfortable.
- Is there anything on the wall in front of the sofa?
- There is a TV hanging on the wall in front of the sofa.
- Are there many flowers in the Ann's room? Where are they?
- There are many vases of flowers on the floor next to the window.
- What is there on the walls?
- Some picture which Ann has woven herself are hanging on the walls.
- What is situated in the room's corner?
- There is a little house of Ann's cat in the corner.
- Where is the DVD?
- It sits on the cabinet under the TV.
- What is there on the left of the sofa?
- There is a bookcase on the left of the sofa. There are many various books in it.
- Is there a table in the room?
- Yes, there is. It is situated opposite the sofa.
- What is there in the left corner of the room?
- There is a big armchair in the left corner of the room.
- What is there near the armchair?
- There is a standard lamp near the armchair.

Упражне́ние 1 Отве́тьте пи́сьменно на вопро́сы об А́не *Answer these question about Anya in writing.*

1) А́нин зал большо́й и́ли ма́ленький? *Is Ann's living room big or small? It is big.*

   Он большо́й.

2) Что есть в э́той ко́мнате? *What is there in this room?*

   ....

3) Что стои́т в пра́вом углу́ ко́мнаты? *What is there in the right corner of the room?*

   ....

4) Есть ли что́-нибу́дь на стене́ напро́тив дива́на? *Is there anything on the wall in front of the sofa?*

   ....

5) Мно́го цвето́в у А́ни в э́той ко́мнате? Где они́ нахо́дятся? *Are there many flowers in the Ann's room? Where are they?*

   ....

6) Что ещё есть на стена́х за́ла? *What is there on the walls?*

   ....

7) Что располо́жено в углу́ ко́мнаты? *What is situated in the room's corner?*

   ....

8) Где стои́т DVD? *Where is the DVD?*

   ....

9) Что нахо́дится сле́ва от дива́на? *What is there on the left of the sofa?*

   ....

10) Есть ли сто́лик в ко́мнате? *Is there a table in the room?*

    ....

11) А что нахо́дится в ле́вом углу́ ко́мнаты? *What is there in the left corner of the room?*

    ....

12) Что располо́жено во́зле кре́сла? *What is there near the armchair?*

    ....

Вре́мя лети́т, но по́мни - ты навига́тор.
Time flies, but remember: you are the navigator.

Челове́ка узна́ешь, когда́ с ним пуд со́ли съешь.
Before you make a friend eat a bushel of salt with him.

Ты не зна́ешь куда́ упадёт твоя́ тень.
You don't know where your shadow will fall.

Упражнение 2 Ответьте письменно на вопросы о себе. *Answer these question about yourself in writing.*

1) Ваш зал большой или маленький? — *Is your living room big or small? It is not big.*

   Он небольшой.

2) Что есть в этой комнате? — *What is there in this room?*

   ....

3) Что стоит в углах комнаты? — *What is there in corners of the room?*

   ....

4) Есть ли что-нибудь на стенах? — *Is there anything on the walls?*

   ....

5) Есть ли цветы в этой комнате? Где они находятся? — *Are there many flowers in the room? Where are they?*

   ....

6) Где стоит DVD? — *Where is the DVD?*

   ....

7) Есть ли там диван? — *Is there a sofa there?*

   ....

8) Есть ли столик в комнате? — *Is there a table in the room?*

   ....

9) Есть ли там кресло? — *Is there an armchair there?*

   ....

Шутки / *Jokes*

Учитель: Твоя поэма худшая в классе. Она не только не верна грамматически, она груба и в плохом вкусе. Я собираюсь передать твоему отцу записку о ней.

Ученик: Я не думаю, что это поможет, учитель. Он написал её.

Teacher: Your poem is the worst in the class. It is not only ungrammatical, it is rude and in bad taste. I am going to send your father a note about it.

Pupil: I do not think that would help, teacher. He wrote it.

Учитель: Сколько книг ты закончил этим летом?

Ученик: Ни одной. Мой брат украл мою коробку с карандашами.

Teacher: How many books did you finish over the summer?

Pupil: None. My brother stole my box of pencils.

Глава 13
Здоровье

Самое главное для меня - это забота о здоровье. Здоровье – это моё настроение, работоспособность и внешний вид. Правильный образ жизни – это полноценный сон, здоровое питание, умеренное употребление алкоголя, занятие спортом и так далее. Особенно важно правильное питание. В первую очередь надо есть больше фруктов и овощей. К курению я отношусь негативно, но у меня курит муж и коллеги на работе. Я бегаю по утрам каждый день. Я хожу в бассейн три раза в неделю и учусь плавать. Очень полезно бывать на свежем воздухе. Я часто с семьёй езжу на природу.

Unit 13
Health

The most import concern to me is my health. Health is my mood, efficiency at work and the appearance. The healthy lifestyle is: the adequate sleep, healthy diet, moderate use of alcohol, doing sports and so on. The diet is particularly important. In the first instance you should eat more fruit and vegetables. I have a negative attitude towards smoking but my husband and colleagues at work smoke. I go jogging every morning. I go to the pool three times a week and learn to swim. Being outdoors is beneficial. I often go for nature trips with my family.

он бегает
he runs

она играет в теннис
she plays tennis

я играю в гольф
I play golf

ты танцуешь
you dance

я занимаюсь йогой
I do yoga

они играют в футбол
they play football

она курит
she smokes

ты занимаешься аэробикой
you do aerobics

он занимается скейтбордом
he does skateboard

я играю на гитаре
I play guitar

он поёт караоке
he sings karaoke

Обы́чные вопро́сы и отве́ты

Common questions and answers

- Что для Вас здоро́вье?
- Здоро́вье для меня́ – э́то моё настрое́ние, вне́шность и работоспосо́бность.
- Что в Ва́шем понима́нии здоро́вый о́браз жи́зни?
- Э́то уме́ренное употребле́ние алкого́ля, полноце́нный сон, заня́тие спо́ртом, здоро́вое пита́ние и т.д.
- Как Вы отно́ситесь к куре́нию?
- Негати́вно, но мой муж и колле́ги на рабо́те ку́рят.
- Как ча́сто Вы бе́гаете по утра́м?
- Я бе́гаю по утра́м ка́ждый день.
- Вы хо́дите в бассе́йн? Е́сли да, то, как ча́сто?
- Я хожу́ в бассе́йн три ра́за в неде́лю. Я учу́сь пла́вать.
- Что Вы ду́маете о пра́вильном пита́нии?
- Здоро́вое пита́ние – э́то бо́льше фру́ктов и овоще́й.
- Вы ча́сто быва́ете на све́жем во́здухе?
- Да, ча́сто. Я с семьёй е́зжу на приро́ду. О́чень поле́зно быва́ть на све́жем во́здухе.

- *What does health mean to you?*
- *Health means to me my mood, appearance and efficiency at work.*

- *What does „a healthy life style" mean to you?*

- *It is a moderate use of alcohol, adequate sleep, doing sports, healthy diet etc.*

- *What is your attitude towards smoking?*
- *I am against it but my husband and colleagues at work smoke.*
- *Do you often go jogging in the mornings?*
- *I go jogging every morning.*
- *Do you go to the pool? If yes, how often?*

- *I go to the pool three times a week. I learn to swim there.*
- *What do you think about a healthy diet?*

- *A healthy diet means more fruit and vegetables.*

- *Do you often go outdoors?*

- *Yes, often. I often go for nature trips with my family. Being outdoors is very beneficial.*

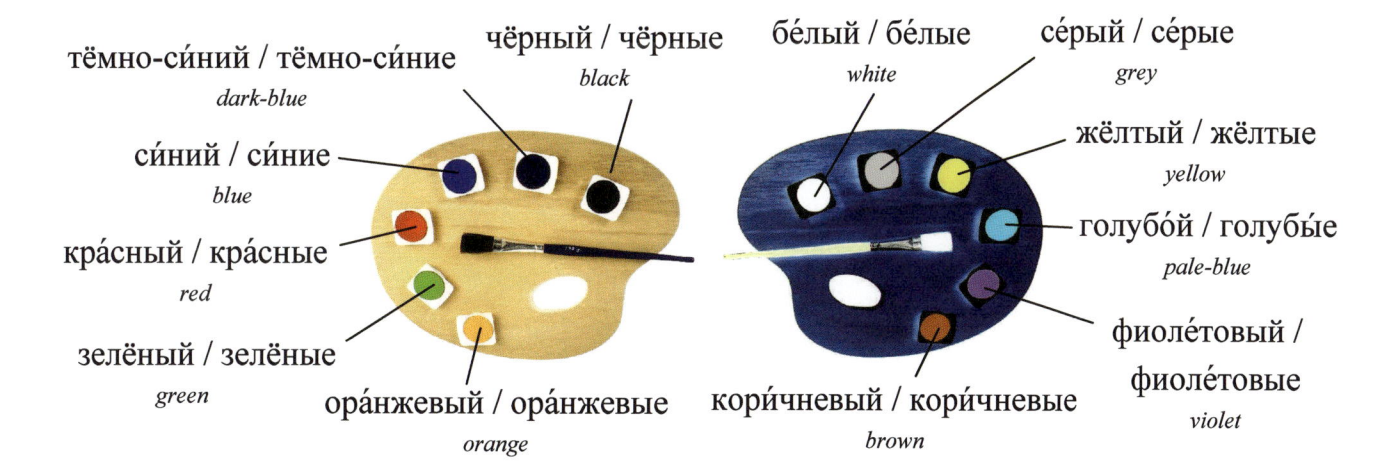

тёмно-си́ний / тёмно-си́ние
dark-blue

си́ний / си́ние
blue

кра́сный / кра́сные
red

зелёный / зелёные
green

чёрный / чёрные
black

ора́нжевый / ора́нжевые
orange

бе́лый / бе́лые
white

кори́чневый / кори́чневые
brown

се́рый / се́рые
grey

жёлтый / жёлтые
yellow

голубо́й / голубы́е
pale-blue

фиоле́товый / фиоле́товые
violet

Упражне́ние 1 Отве́тьте пи́сьменно на вопро́сы *Answer these question in writing.*

1) Что для Вас здоро́вье? *What does health*

2) *Здоро́вье для меня́ – э́то моё настрое́ние, вне́шность и рабо́тоспосо́бность.* *Health means to me my mood, appearance and efficiency at work.*

3) Что для Вас здоро́вый о́браз жи́зни? *What does „a healthy life style" mean to you?*

....

....

4) Как Вы отно́ситесь к куре́нию? *What is your attitude towards smoking?*

....

5) Как ча́сто Вы бе́гаете по утра́м? *Do you often go jogging in the mornings?*

....

6) Вы хо́дите в бассе́йн? Е́сли да, то, как ча́сто? *Do you go to the pool? If yes, how often?*

....

7) Что Вы ду́маете о пра́вильном пита́нии? *What do you think about a healthy diet?*

....

8) Вы ча́сто быва́ете на све́жем во́здухе? *Do you often go outdoors?*

....

....

Шутка	*A joke*
«Пожа́луйста ти́хо,» говори́т библиоте́карь гру́ппе шу́мных дете́й, «Лю́ди вокру́г вас не мо́гут чита́ть.»	*"Please hush," says the librarian to a group of noisy children, "The people around you cannot read."*
«Действи́тельно?» спра́шивает одна́ ма́ленькая де́вочка, «Тогда́ почему́ они́ здесь?»	*"Really?" asks one little girl, "Then why are they here?"*

Prefixes of motion verbs

при- (move to smth. or smb.): Мы приезжа́ем сего́дня ве́чером. *We come today evening.*

у- (away from smth. or smb.): Он уезжа́ет в понеде́льник. *He leaves on Monday.*

пере- (across): Он перехо́дит доро́гу с ребёнком. *He crosses the road with a child.*

в-, за- (into): Моя́ тётя въезжа́ет/заезжа́ет в гара́ж о́чень ме́дленно. *My aunt drives into the garage very slowly.* Входи́те/заходи́те в ко́мнату, пожа́луйста. *Come into the room, please.*

вы- (out of): Мой дя́дя выезжа́ет из гаража́ бы́стро. *My uncle drives out of the garage quickly.*

про- (along, over, past): Мы прохо́дим че́рез мост. *We go over a bridge.* Они́ прохо́дят ми́мо авто́бусной остано́вки. *They go past a bus stop.*

под- (up to): Его́ сестра́ подхо́дит к продукто́вому магази́ну. *His sister goes up to the grocery shop.*

от- (away from): Они́ отхо́дят от о́фиса че́рез пять мину́т. *They are going away from the office in five minutes.*

до- (reaching): Она́ дое́дет до Ки́ева че́рез час. *She is getting to Kiev in an hour.*

за- (call on the way): Ме зае́дем к вам на чай, когда́ бу́дем е́хать домо́й. *We will call you on the way home for a cup of tea.*

с- (down from): Де́ти хотя́т съе́хать с го́рки. *The children would like to go down from the ice-hill.*

Шу́тка

Учи́тель: Са́ша, твоя́ исто́рия про соба́ку

Са́ша: Коне́чно. Э́то та же соба́ка.

A joke

Teacher: Sasha, your story about a dog is exactly like your brother's.

Sasha: Of course. It is the same dog.

Легко́ сказа́ть «легко́ испо́льзовать».
"Easy to use" is easy to say.

Не́которые лю́ди одино́ки потому́ что они́ стро́ят сте́ны вме́сто мосто́в.
Some people are lonely because they build walls instead of bridges.

Друг – э́то пода́рок, кото́рый ты да́ришь себе́.
A friend is a gift you give yourself.

Шу́тка мо́нстров

Ма́ленький мо́нстр: Я ненави́жу своего́ учи́теля.
Ма́ма мо́нстр: Тогда́ ку́шай сала́т, дорого́й!

A monster joke

Little Monster: I hate my teacher.
Mother Monster: Then eat the salad dear!

Глава 14

Еда

Unit 14

Food

Я считаю, что еда должна быть вкусной и полезной. Хотя такое сочетание бывает редко. Самое главное - это завтрак. Я обычно ем на завтрак вареные яйца и бутерброды. Иногда пью кофе. На обед, обычно, я ем суп, стейк с картофелем и салат. На полдник можно выпить чай с пирожным. Так как я вкусно готовлю, то я обычно ужинаю дома. На ужин я обычно готовлю рыбу или мясо с гарниром. На десерт можно съесть мороженое. Перед сном я люблю выпить стакан тёплого молока с мёдом. В выходные мы с мужем ходим в ресторан. Каждый раз мы ходим в другой. Последний раз мы были в итальянском ресторане. Заказали там лазанью по неаполитански. Нам очень понравилось. Ещё там очень вкусное мороженое. Фисташковое мороженое моё самое любимое.

I think food should be tasty and healthy. Unfortunately this combination is rare, though. Breakfast is the most important. I usually have cooked eggs and sandwiches for breakfast. I sometimes drink coffee. For lunch I usually have soup, steak, potatoes and salad. You can have tea and cookies in the middle of the day. I usually have dinner at home because I cook well. I usually prepare fish or meat with a side dish. You can have ice cream for a dessert. I like to drink a glass of warm milk with honey before sleep. I go to restaurants with my husband at weekends. We go to a different one every time. Last time we went to the Italian restaurant. We ordered the Neapolitan lasagna. We liked it very much. They have very tasty ice cream. Peanut ice cream is my favorite.

яблоко / яблоки	груша / груши	банан / бананы	лимон / лимоны	дыня / дыни	персик / персики
apple / apples	pear / pears	banana / bananas	lemon / lemons	melon / melons	peach / peaches

тёмное пиво	светлое пиво	коктейль	мороженое	кофе	кофе с молоком
dark beer	beer	cocktail	ice-cream	coffee	coffee with milk

суп	хлопья	гамбургер	хлеб	картофель фри
soup	cereals	hamburger	bread	potato free

Обычные вопросы и ответы / Common questions and answers

- Еда должна быть полезной?
- Да, потому что это основа нашего здоровья.
- Что Вы обычно едите на завтрак?
- Я обычно ем вареные яйца, бутерброды и кофе.
- Что Вы предпочитаете на обед?
- Обычно я ем суп, стейк с картофелем и салат.
- Не пропускаете ли Вы полдник? Если нет, то что Вы едите?
- На полдник можно выпить чай с пирожным.
- Вы обычно ужинаете дома или ходите в кафе?
- Я очень вкусно готовлю, поэтому обычно ужинаю дома.
- Что Вы готовите на ужин?
- Я готовлю рыбу или мясо с гарниром.
- Вы любите десерт? Что именно?
- После ужина я люблю съесть мороженое.
- Перед сном Вы, что-нибудь едите?
- Да. Перед сном я люблю выпить стакан тёплого молока с мёдом.
- Вы часто ходите в ресторан?
- Мы с мужем ходим в ресторан по выходным.
- В каком ресторане Вы были последний раз?
- Последний раз мы были в итальянском.
- Что Вы там заказывали?
- Мы там заказывали лазанью. Было очень вкусно.
- Вы любите мороженое? Какое Ваше самое любимое?
- Да, очень люблю мороженое. Фисташковое моё самое любимое.

- Should the food be healthy?
- Yes, it should because it is the base of our health.
- What do you usually have for breakfast?
- I usually have cooked eggs, sandwiches and coffee.
- What do you prefer for lunch?
- I usually have soup, steak, potatoes and salad.
- Do you skip the afternoon tea? If not, what do you have then?
- You can have some tea and cookies in the middle of the day.
- Do you usually dine at home or in a restaurant?
- I usually have dinner at home because I cook very well.
- What do you prepare for dinner?
- I prepare fish or meat with a side dish.
- Do you like a dessert? What particularly?
- I like to have ice cream after dinner.
- Do you eat anything before sleep?
- Yes, I do. I like to drink a glass of warm milk with honey before sleep.
- Do you often go to restaurants?
- I go to restaurants with my husband at weekends.
- What restaurant did you go to last time?
- Last time we went to the Italian restaurant.
- What did you order?
- We ordered the lasagna there. It was very tasty.
- Do you like ice cream? What is your favorite one?
- Yes, I do like ice cream. Peanut ice cream is my favorite.

Упражне́ние 1 Отве́тьте пи́сьменно на вопро́сы *Answer these question in writing.*

1) Еда́ должна́ быть поле́зной? — *Should the food be healthy?*

   Да, потому что это наше здоровье.

2) Что Вы обы́чно еди́те на за́втрак? — *What do you usually have for breakfast?*

   ....

   ....

3) Что Вы предпочита́ете на обе́д? — *What do you prefer for lunch?*

   ....

   ....

4) Не пропуска́ете ли Вы по́лдник? Éсли нет, то что Вы еди́те? — *Do you skip the afternoon tea? If not, what do you have then?*

   ....

5) Вы обы́чно у́жинаете, до́ма и́ли хо́дите в кафе́? — *When do you usually dine, at home or in a restaurants?*

6) Что Вы гото́вите на у́жин? — *What do you prepare for dinner?*

   ....

   ....

7) Вы лю́бите десе́рт? Что и́менно? — *Do you like a dessert? What particularly?*

   ....

8) Пе́ред сном Вы, что нибу́дь еди́те? — *Do you eat anything before sleep?*

   ....

   ....

9) Вы ча́сто хо́дите в рестора́н? — *Do you often go to restaurants?*

10) В како́м рестора́не Вы бы́ли после́дний раз? — *What restaurant did you go to last time?*

    ....

11) Что Вы там зака́зывали? — *What did you order?*

    ....

    ....

Упражнéние 2 Угадáйте едý. *Guess food.*

1) Э́то крýглое, жёлтое и ки́слое. — It is round, yellow and sour.

   Это лимон.

2) Э́то почти́ крýглое, жёлтое и слáдкое. — It is almost round, yellow and sweet.

   ....

3) Э́то зелёное и ки́слое или слáдкое. — It is green and sour or sweet.

   ....

4) Э́то продолговáтое, жёлтое и слáдкое. — It is longish, yellow and sweet.

   ....

5) Э́то крáсно-жёлтое и слáдкое. — It is red and yellow and sweet.

   ....

6) Э́то тёмно-кори́чневое в чáшке. — It is dark-brown in a cup.

   ....

7) Э́то кори́чневое в стакáне. — It is brown in a glass.

   ....

8) Э́то аромáтное в тарéлке. — It is aromatic in a plate.

   ....

Шýтка / *A joke*

Учи́тель: Где нахóдится Ю́жная Амéрика?
Учени́к: Я не знáю.
Учи́тель: Где нахóдится Гренлáндия?
Учени́к: Я не знáю.
Учи́тель: Где нахóдится Болгáрия?
Учени́к: Я не знáю.
Учи́тель: Найди́ их в своём учéбнике.
Учени́к: Я не знáю где мой учéбник тóже.

Teacher: Where is South America?
Pupil: I do not know.
Teacher: Where is Greenland?
Pupil: I do not know.
Teacher: Where is Bulgaria?
Pupil: I do not know.
Teacher: Look them up in your textbook.
Pupil: I do not know where my textbook is, either.

Жизнь – это тáйна котóрую нáдо прожи́ть, а не проблéма котóрую нáдо реши́ть.
Life is a mystery to be lived, not a problem to be solved.

Прáктика – лýчший из всех учителéй.
Practice is the best of all instructors.

Никогдá не объясня́й зáвтра тогó, что мóжно скрыть сегóдня. *Never clarify tomorrow what you can obscure today.*

арбу́з / арбу́зы
watermelon (-s)

анана́с / анана́сы
pineapple / pineapples

виногра́д
grape / grapes

клубни́ка
strawberry

апельси́н / апельси́ны
orange / oranges

ки́ви
kiwi

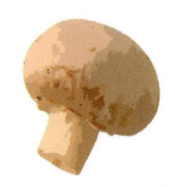

помидо́р / помидо́ры
tomato / tomatoes

гриб / грибы́
mushroom / mushrooms

баклажа́н / баклажа́ны
aubergine / aubergines

па́прика
paprika

петру́шка
parsley

лук
onion

огуре́ц / огурцы́
cucumber / cucumbers

карто́фель
potato

чесно́к
garlic

фасо́ль / бобы́
beans

Упражне́ние 3 Угада́йте еду́. *Guess food.*

1) Э́то кру́глое, жёлтое и сла́дкое.

   Э́то апельсин.

2) Э́то большо́е и кру́глое, зелёное снару́жи, кра́сное внутри́ и сла́дкое. ……………….

3) Э́то кори́чневое снару́жи, зелёное внутри́ и сла́дкое. ……………….

4) Э́то продолгова́тое и зелёное.

   ……………….

5) Э́то го́рькое и оно́ име́ет мно́го витами́нов. ……………….

6) Э́то тёмно-кори́чневое снару́жи и бе́лое внутри́. ……………….

7) Э́то бе́лое и о́чень го́рькое, и оно́ име́ет мно́го витами́нов. ……………….

It is round, yellow and sweet.

It is big and round, green outside, red inside and sweet.

It is brown outside, green inside and sweet.

It is longish and green.

It is bitter, and contains a lot of vitamins .

It is dark-brown outside and white inside.

It is white and very bitter, and contains a lot of vitamins.

салáт / салáты
salad / salads

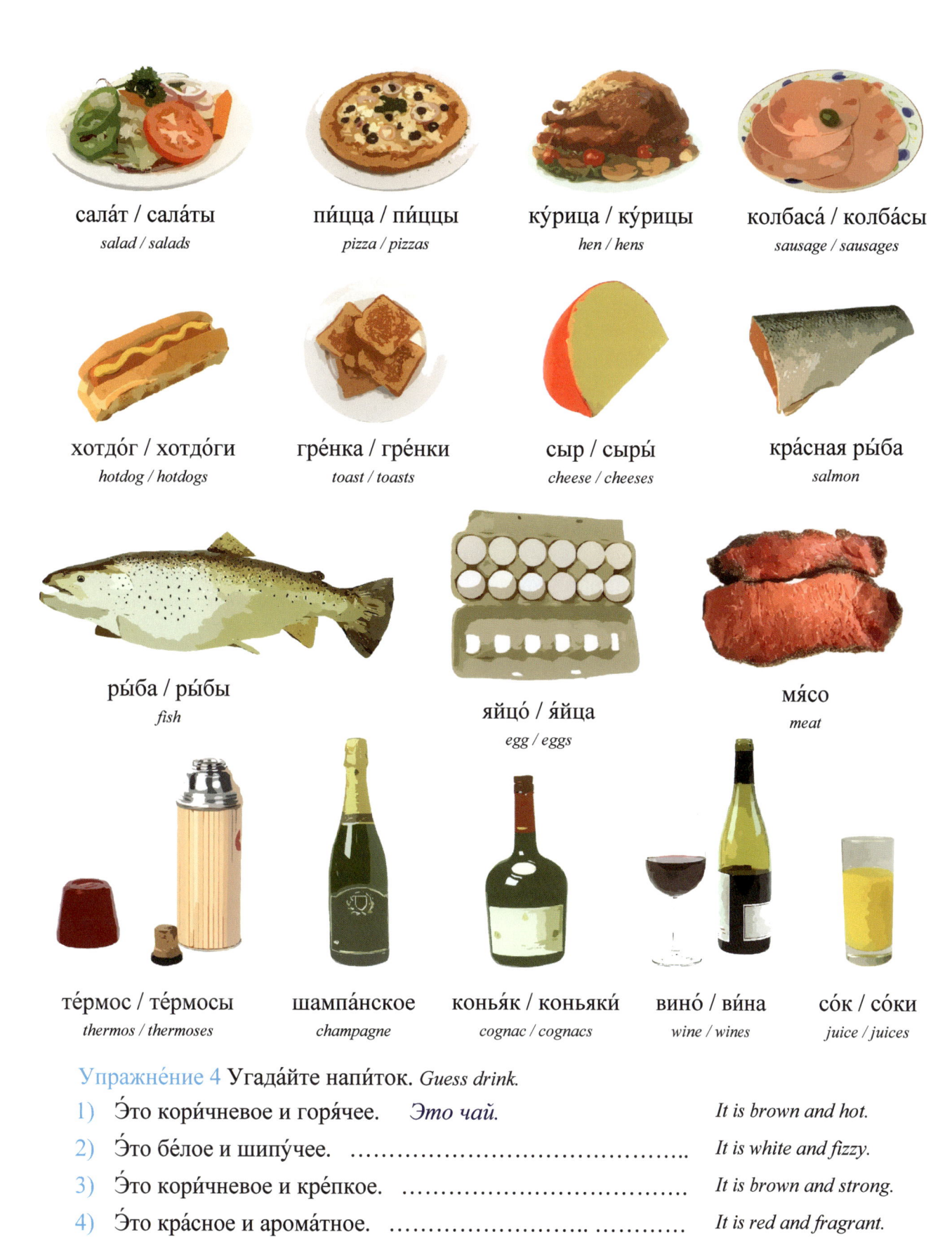

пи́цца / пи́ццы
pizza / pizzas

ку́рица / ку́рицы
hen / hens

колбасá / колбáсы
sausage / sausages

хотдóг / хотдóги
hotdog / hotdogs

грéнка / грéнки
toast / toasts

сыр / сыры́
cheese / cheeses

крáсная ры́ба
salmon

ры́ба / ры́бы
fish

яйцó / я́йца
egg / eggs

мя́со
meat

тéрмос / тéрмосы
thermos / thermoses

шампáнское
champagne

конья́к / коньяки́
cognac / cognacs

винó / ви́на
wine / wines

сóк / сóки
juice / juices

Упражнéние 4 Угадáйте напи́ток. *Guess drink.*
1) Э́то кори́чневое и горя́чее. *Э́то чай.* It is brown and hot.
2) Э́то бéлое и шипу́чее. …………………………………….. It is white and fizzy.
3) Э́то кори́чневое и крéпкое. …………………………………. It is brown and strong.
4) Э́то крáсное и аромáтное. …………………….. ………… It is red and fragrant.
5) Э́то жёлтое и слáдкое. …………………………………….. It is yellow and sweet.

Глава 15
Два моих любимых хобби

Unit 15
Two my favorite hobbies

У меня есть два любимых хобби. Одно моё хобби – это вышивка. Моя бабушка прекрасно вышивала. И это умение я унаследовала от неё. Я начала вышивать шесть лет назад. Первая моя вышитая работа – это соловьи на яблоне. Больше всего я люблю вышивать цветы, птиц и бабочек. Большая часть моих работ висит на стенах у меня дома. Но есть и такие, которые я дарю своим родным и друзьям на праздники. Моя самая любимая вышивка – это огромный букет ромашек в вазе. Эта картина висит у меня над компьютерным столом в кабинете. Очень много стилистических вышитых миниатюр висит на стенах в кухне. Ещё у меня много вышитых мною полотенец и носовых платков. Второе моё хобби – это веб–дизайн. Глобальная сеть Интернет - это одна из главных потребностей человечества. Мой брат программист. Он делает сайты на заказ. А я помогаю ему их оформлять. Я хорошо владею Фотошопом, и это очень помогает в работе. Я уделяю примерно десять часов в неделю веб-дизайну. Всё остальное свободное время я вышиваю.

I have two favorite hobbies. One of them is the embroidery. My grandmother embroidered beautifully. I inherited this skill from her. I started to embroider six years ago. My first work was the nightingales on the apple tree. I like to embroider flowers, birds and butterflies the best. Most of my works are hanging on the walls in my house. There are some which I give to my family and friends for holidays. My favorite embroidery is the huge bouquet of chamomiles in the vase. This picture is hanging over my computer desk in my study. There are very many embroidered stylistic miniatures on the walls in my kitchen. I also have many embroidered towels and handkerchiefs. My other favorite hobby is web design. The global network of Internet is one of the main needs of mankind. My brother is a programmer. He creates websites to order. I help him design them. I am proficient at using Photoshop and it helps me work a lot. I work on web design approximately ten hours a week. The rest of my free time I spend embroidering.

нити
threads

стилистическая вышивка
stylistic embroidery

Обы́чные вопро́сы и отве́ты
Common questions and answers

- У Вас есть како́е-нибу́дь хо́бби?
- У меня́ два люби́мых хо́бби. Э́то вы́шивка и

- Как давно́ Вы вышива́ете?
- Я на́чала вышива́ть шесть лет наза́д.
- В Ва́шей семье́ ещё кто-нибу́дь вышива́ет?

- Моя́ ба́бушка прекра́сно вышива́ла. И э́то

- Кака́я Ва́ша пе́рвая вы́шитая рабо́та?
- Соловьи́ на я́блоне.
- Что Вы бо́льше всего́ лю́бите вышива́ть?
- Бо́льше всего́ я люблю́ вышива́ть цветы́, птиц и ба́бочек.
- Что Вы де́лаете с гото́выми рабо́тами?
- Бо́льшая часть виси́т у меня́ на сте́нах до́ма. Но есть и таки́е, кото́рые я дарю́ свои́м родны́м и друзья́м на пра́здники.
- У Вас есть са́мая люби́мая Ва́ша вы́шивка?
- Да. Э́то огро́мный буке́т рома́шек в ва́зе.

- Что ещё Вы вышива́ете?
- У меня́ мно́го вы́шитых полоте́нец и

- Каки́е са́йты Вы оформля́ете?
- Ра́зные, о́чень ра́зные. Мой брат программи́ст, и я помога́ю ему́ их оформля́ть.
- Испо́льзуете ли Вы Фотошо́п в веб-диза́йне?
- Я о́чень хорошо́ владе́ю Фотошо́пом. И э́то

- Мно́го ли Вы вре́мени уделя́ете веб-

- Приме́рно де́сять часо́в в неде́лю я занима́юсь веб-диза́йном.
- Как ча́сто Вы вышива́ете?
- Всё оста́вшееся вре́мя я провожу́ за

- Do you have any hobbies?
- I have two favorite hobbies – embroidery and web design.

- How long have you embroidered for?
- I started to embroider six years ago.
- Is there anyone is your family who embroi-

- My grandmother embroidered beautifully. I inherited this skill from her.

- What was your first embroidered work?
- The nightingales on the apple tree.
- What else do you like to embroider?
- I like to embroider flowers, birds and butterflies the best.
- What do you do with finished works?
- Most of my works are hanging on the walls in my house. There are some which I give to my family and friends for holidays.
- Do you have your favorite embroidery?
- Yes, I do. It is the huge bouquet of chamo-

- What else do you embroider?
- I have many embroidered towels and handkerchiefs.

- What websites do you design?
- Various. My brother is a programmer, and I help him design.

- Do you use Photoshop when you design?
- I am proficient at using Photoshop and it helps me at work a lot.

- How much time do you spend designing websites?

- I work on web design approximately ten hours a week.
- How often do you embroider?
- The rest of my free time I spend embroidering.

To convey an attitude to an action or event you can use рад (glad), уверен (sure), должен (have to), готов (ready), надо / нужно (need), мочь (can). The words рад, уверен, готов are short forms of adjectives and they agree with nouns or pronouns in gender and numeral.

Он рад *(he is glad)* Он рад тебя видеть. *He is glad to see you.*
Он должен *(he has to)* Он должен купить хлеб. *He has to buy some bread.*
Он готов *(he is ready)* Он готов прийти в понедельник. *He is ready to come on Monday.*
Он уверен *(he is sure)* Он уверен, что знает этот город хорошо. *He is sure that he knows this town well.*

Она рада *(she is glad)* Она всегда рада хорошим новостям. *She is always glad to hear good news.*
Она должна *(she has to)* Она должна пойти в магазин сегодня. *She has to go to a shop today.*
Она готова *(she is ready)* Она готова работать на выходных. *She is ready to work on weekends.*
Она уверена *(she is sure)* Она уверена, что детям нравится это кафе. *She is sure, that the children like this café.*

Они рады *(they are glad)* Они рады получить новую работу. *They are glad to get a new job.*
Они должны *(they have to)* Они должны отправить письма. *They have to send letters.*
Они готовы *(they are ready)* Они готовы читать новую книгу. *They are ready to read a new book.*
Они уверены *(they are sure)* Они уверены, что Евгений заходит в магазин каждое утро. *They are sure that Yevgeny stops at the store every morning.*

Note: Dative + надо/нужно + Infinitive, for example:
Мне нужно сесть на автобус номер 5. *I need to get on the bus number 5.*
Тебе нужно спать. *You need to sleep.*
Вам нужно выпить чашку горячего чая. *You should drink a cup of hot tea.*

Упражнение 1 Переведите, используя слова из словарного банка. *Translate using words from the word bank.*

> отдохнуть еда/еды деньги/денег позвонить идти помощь

1) I need some books. *Мне нужно несколько книг.*
2) I need some food. ……………………………………
3) I need some money. ……………………………………
4) I need some rest. ……………………………………
5) I am ready to go. ……………………………………
6) Do you need help? ……………………………………
7) I have to phone. ……………………………………

Verbs of motion

Идти́ (perfective), ходи́ть (imperfective) - *to go on foot*
Он идёт в библиоте́ку. *He is going to the library.*
Он хо́дит ка́ждые выходны́е в теа́тр. *He goes to the theatre every weekend.*

Е́хать (perf.), е́здить (imperf.) - *to go by a vehicle*
Они́ е́дут в лес. *They are going to the forest.*
Они́ ре́дко е́здят в дере́вню к свое́й ба́бушке. *They seldom go to the village to their granny.*

Лете́ть (perf.), лета́ть (imperf.) - *to fly*
Он сейча́с лети́т в Москву́. *He is flying to Moscow now.*
Он лета́ет в Кита́й ка́ждый год. *He flies to Chine every year.*

Плыть (perf.), пла́вать (imperf.) - *to swim*
Она́ плывёт ко мне о́чень бы́стро. *She swims towards me very quickly.*
Она́ иногда́ пла́вает в на́шем бассе́йне. *She sometimes swims in our swimming pool.*

Бежа́ть (perf.), бе́гать (imperf.) - *run, jog*
Я бегу́ домо́й. *I am running home.*
Я бе́гаю по утра́м. *I go jogging in the mornings.*
Мой ребёнок бе́гает с друзья́ми ка́ждый день. *My child runs with friends every day.*

Нести́ (perf.), носи́ть (imperf.) - *carry in hands*
Он несёт бага́ж в но́мер. *He is carrying luggage to the room.*
Вы но́сите ноутбу́к на рабо́ту? *Do you carry the notebook to work?*

Вести́ (perf.), води́ть (imperf.) - *lead, take*
Мы ведём на́шего ребёнка в теа́тр. *We are taking our child to the theatre.*
Мы во́дим на́шего сы́на в сад ка́ждое у́тро. *We take our son to the garden every morning.*

Везти́ (perf.), вози́ть (imperf.) - *carry in a vehicle*
Вы везёте э́ти карти́ны домо́й? *Are you carrying these pictures home?*
Вы во́зите карти́ны в маши́не? *Do you carry pictures in a car?*

Упражне́ние 2 Переведи́те, испо́льзуя слова́ из слова́рного ба́нка. Одно́ сло́во не ну́жно испо́льзовать. *Translate using words from the word bank. There is one word you do not need to use.*

я хожу́ / ~~я иду́~~ / ты хо́дишь / ты идёшь / я е́ду / я е́зжу / ты е́дешь / ты е́здишь

1) I am going home . *Я иду́ домой.*

2) I walk to work every day. ……………………………………

3) I am going by bus now. ……………………………………

4) I go to work by tram. ……………………………………

5) Do you go to work every day? ……………………………………

6) Are you walking to bank? ……………………………………

7) Do you go there by bus or tram? ……………………………………

Глава́ 16
Иску́сство

Есть мно́го ра́зных ви́дов иску́сства. Я люблю́ таки́е, как теа́тр, кино́, изобрази́тельное иску́сство, вы́шивка и так да́лее. Я уме́ю вышива́ть. Я быва́ла в музе́е Эрмита́ж. Я зна́ю таки́х худо́жников как Пика́ссо, Ван Гог, Ши́шкин и Айвазо́вский. Мой люби́мый Айвазо́вский. Я уме́ю неплохо́ рисова́ть. Могу́ рисова́ть приро́ду и люде́й. Иногда́ я хожу́ в теа́тр. И иногда́ хожу́ в кинотеа́тр. Я люблю́ коме́дии, три́ллеры и дра́мы. В теа́тр я обы́чно хожу́ с му́жем, и иногда́ получа́ется пойти́ с ма́мой.

Большо́й Теа́тр

Unit 16

Art

There are many forms of the art. I like the theater, movie theater, fine art, embroidery etc. I can embroider. I have been to the Hermitage Museum. I know such painters as Picasso, Van Gogh, Shishkin, Aivazovsky. I can draw quite well. I can draw nature and people. I sometimes go to the theater. I sometimes go to the movie theaters too. I like comedies, thrillers and dramas. I usually go to the theater with my husband and I sometimes make it with my mother.

худо́жественная галере́я
art gallery

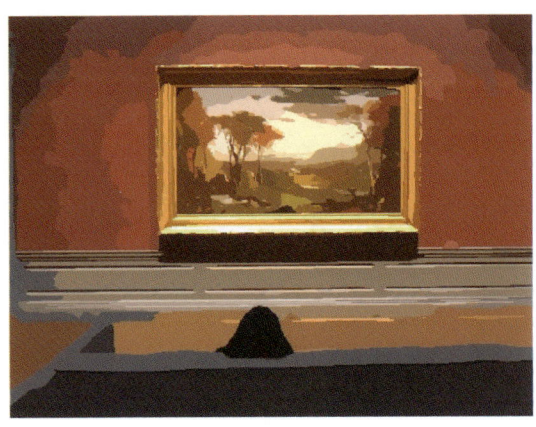

карти́на
a painting

Обы́чные вопро́сы и отве́ты

Common questions and answers

- Каки́е ви́ды иску́сства Вы лю́бите?
- Я люблю́ теа́тр, кино́, изобрази́тельное иску́сство, вы́шивку и т.д.
- Что Вы уме́ете де́лать?
- Я уме́ю вышива́ть.
- Каки́е музе́и Вы посеща́ете?
- Я была́ в Эрмита́же.
- Каки́х знамени́тых худо́жников Вы зна́ете?
- Я зна́ю Пика́ссо, Ван Го́га, Ши́шкина, Айвазо́вского и т.д.
- А како́й Ваш люби́мый худо́жник?
- Мой люби́мый худо́жник Айвазо́вский.
- Вы уме́ете рисова́ть? Е́сли да, то что?
- Я уме́ю рисова́ть приро́ду и люде́й.
- Вы ча́сто хо́дите в теа́тр?
- Нет, не ча́сто, но хоте́лось бы ча́ще.
- Каки́е фи́льмы Вам бо́льше нра́вятся?
- Я люблю́ коме́дии, дра́мы и три́ллеры.
- Вы обы́чно смо́трите фи́льмы до́ма и́ли в кинотеа́тре?
- Я обы́чно смотрю́ фи́льмы до́ма.
- С кем Вы обы́чно хо́дите в теа́тр?
- Обы́чно я хожу́ в теа́тр с му́жем, а иногда́ и с ма́мой.

- *What forms of the art do you like?*
- *I like the theater, movie theater, fine art, embroidery etc.*
- *What can you do?*
- *I can embroider.*
- *What museums do you go to?*
- *I have been to the Hermitage Museum.*
- *What famous painters do you know?*
- *I know such painters as Picasso, Van Gogh, Shishkin, Aivazovsky.*
- *Who is your favorite painter?*
- *My favorite painter is Aivazovsky.*
- *Can you draw? If yes, what can you draw?*
- *I can draw nature and people.*
- *Do you often go to the theater?*
- *No, not often but I would like to do it more often.*
- *What movies do you like the most?*
- *I like comedies, dramas and thrillers.*
- *Do you usually watch movies at home or at a movie theater?*
- *I usually watch movies at home.*
- *Who do you usually go to the theater with?*
- *I usually go to the theater with my husband and sometimes with my mom.*

Упражне́ние 1 Отве́тьте пи́сьменно на вопро́сы *Answer these question in writing.*

1) Каки́е ви́ды иску́сства Вы лю́бите? *What forms of the art do you like?*

   Я люблю́ теа́тр и кино́. *I like the theater and the cinema.*

2) Каки́е музе́и Вы посеща́ете? *What museums do you go to?*

   ……………………………………………………………………

   ……………………………………………………………………

3) Каки́х худо́жников Вы зна́ете? *What painters do you know?*

   ……………………………………………………………………

   ……………………………………………………………………

4) А како́й Ваш люби́мый худо́жник? *Who is your favorite painter?*

   ……………………………………………………………………

   ……………………………………………………………………

5) Вы уме́ете рисова́ть? Е́сли да, то что? *Can you draw? If yes, what can you draw?*

   ……………………………………………………………………

   ……………………………………………………………………

6) Вы ча́сто хо́дите в теа́тр? *Do you often go to the theater?*

   ……………………………………………………………………

   ……………………………………………………………………

7) Каки́е фи́льмы Вам бо́льше нра́вятся? *What movies do you like the most?*

   ……………………………………………………………………

   ……………………………………………………………………

8) Вы обы́чно смо́трите фи́льмы до́ма и́ли в кинотеа́тре? *Do you usually watch movies at home or at a movie theater?*

   ……………………………………………………………………

9) С кем Вы обы́чно хо́дите в теа́тр? *Who do you usually go to the theater with?*

   ……………………………………………………………………

   ……………………………………………………………………

Telling time

There are several ways to ask time:

Ско́лько вре́мени? *(What time is it?)*
Кото́рый час? *(What time is it?)*

Скажи́те, пожа́луйста, ско́лько вре́мени? *Could you tell the time, please?*
Извини́те, Вы не ска́жите кото́рый час? *Excuse me, could you tell me what time it is?*

Сейча́с оди́н час. *It's 1:00.*
Сейча́с два часа́. *It's 2:00.*
Сейча́с три часа́. *It's 3:00.*
Сейча́с четы́ре часа́. *It's 4:00.*
Сейча́с пять часо́в. *It's 5:00.*
Сейча́с шесть часо́в. *It's 6:00.*
Сейча́с семь часо́в. *It's 7:00.*
Сейча́с во́семь часо́в. *It's 8:00.*
Сейча́с де́вять часо́в. *It's 9:00.*
Сейча́с де́сять часо́в. *It's 10:00.*
Сейча́с оди́ннадцать часо́в. *It's 11:00.*
Сейча́с двена́дцать часо́в. *It's 12:00.*

А́нна придёт в семь часо́в. *Ann is coming at 7 o'clock.*
Евге́ний встаёт в четы́ре часа́. *Yevgeny gets up at 4 o'clock.*

одна́ мину́та *(one minute)*
две мину́ты *(two minutes)*
три мину́ты *(three minutes)*
четы́ре мину́ты *(four minutes)*
пять мину́т *(five minutes)*
шесть мину́т *(six minutes)*
де́сять мину́т *(ten minutes)*
пятна́дцать мину́т *(fifteen minutes)*
два́дцать мину́т *(twenty minutes)*

Сейча́с пять часо́в де́сять мину́т. *It's 5:10.*
Мой рабо́чий день начина́ется в шесть часо́в пятна́дцать мину́т. *My working day starts at 6:15.*

When less than half an hour remains till the beginning of a certain hour, you say без + the number of minutes remained + мину́ты/мину́т + the hour that will come. You can leave мину́ты/мину́т out:

Сейча́с без десяти́ (мину́т) во́семь. *It is ten to eight.*
Сейча́с без пятна́дцати (мину́т) оди́ннадцать. *It is fifteen to eleven.*

In the first half of an hour you say the number of minutes passed + мину́ты/мину́т + the next hour. You cannot leave мину́ты/мину́т out:

Сейча́с пять мину́т пе́рвого. *It is five past twelve.*
Сейча́с два́дцать три мину́ты пя́того. *It is twenty three minutes past four.*

Instead of три́дцать мину́т you can use полови́на or пол- + часа́ - *half an hour*. Instead of пятна́дцать мину́т you can use че́тверть - *quarter*:

Сейча́с полови́на второ́го. *It is half past one.*
Сейча́с пол-седьмо́го. *It is half past six.*
Сейча́с без че́тверти де́сять. *It is quarter to ten.*
Сейча́с че́тверть пя́того. *It is quarter past four.*

Аппети́т прихо́дит во вре́мя еды́.
Appetite comes with eating.

Де́ньги намно́го бо́лее убеди́тельны, чем логи́ческие аргуме́нты.
Money is far more persuasive than logical arguments.

Лу́чше по́здно, чем никогда́.
Better late than never.

Appendix 1 Cases of singular nouns and adjectives

Падеж Case	Вопросы Questions	Мужской род Masculine	Женский род Feminine	Средний род Neuter
Именительный Nominative	Кто? Что?	Человек Этот человек хороший. *This man is good.*	Женщина Эта женщина хорошая. *This woman is good.*	Письмо́ Это письмо важное. *This letter is important.*
Родительный Genitive	Кого? Чего? Чей?	Человека Вот паспорт этого хорошего человека. *Here is the passport of this good man.*	Женщины Вот паспорт этой хорошей женщины. *Here is the passport of this good woman.*	Письма́ Вот адрес этого важного письма. *Here is the address of this important letter.*
Дательный Dative	Кому? Чему?	Человеку Дайте воды этому хорошему человеку. *Give some water to this good man.*	Женщине Дайте воды этой хорошей женщине. *Give some water to this good woman.*	Письму́ Уделите внимание этому важному письму. *Pay attention to this important letter.*
Винительный Accusative	Кого? Что?	Человека Я знаю этого хорошего человека. *I know this good man.*	Женщину Я знаю эту хорошую женщину. *I know this good woman.*	Письмо́ Я прочитал это важное письмо. *I have read this important letter.*
Творительный Instrumental	(С) кем? (С) чем?	Человеком Я знаком с этим хорошим человеком. *I am acquainted with this good man.*	Женщиной Я знаком с этой хорошей женщиной. *I am acquainted with this good woman.*	Письмо́м Я знаком с этим важным письмом. *I am acquainted with this important letter.*
Предложный Prepositional	О ком? О чём?	Человеке Я слышал об этом хорошем человеке. *I have heard about this good man.*	Женщине Я слышал об этой хорошей женщине. *I have heard about this good woman.*	Письме́ Я знаю об этом важном письме. *I know about this important letter.*

Appendix 2 Demonstrative pronoun этот - *this*

Gender	Masculine	Feminine	Neuter	Plural
English			This	
Nominative Case	Этот	Эта	Это	Эти
Accusative Case *animate*	Этот Этого	Эту	Это	Эти Этих
Genitive Case	Этого	Этой	Этого	Этих
Dative Case	Этому	Этой	Этому	Этим
Instrumental Case	Этим	Этой	Этим	Этими
Prepositional Case	Этом	Этой	Этом	Этих

Appendix 3 Cases of plural nouns and adjectives

Падеж / Case	Вопросы / Questions	Мужской род / Masculine	Женский род / Feminine	Средний род / Neuter
Именительный / Nominative	Кто? Что?	Студенты Эти студенты хорошие. *These students are good.*	Женщины Эти женщины хорошие. *These women are good.*	Письма Эти письма важные. *These letters are important.*
Родительный / Genitive	Кого? Чего? Чей?	Студентов Вот паспорта этих хороших студентов. *Here are these good students' passports.*	Женщин Вот паспорта этих хороших женщин. *Here are these good women's passports.*	Писем Вот адреса этих важных писем. *Here are addresses of these important letters.*
Дательный / Dative	Кому? Чему?	Студентам Дайте воды этим хорошим студентам. *Give some water to these good students.*	Женщинам Дайте воды этим хорошим женщинам. *Give some water to these good women.*	Письмам Уделите внимание этим важным письмам. *Pay attention to these important letters.*
Винительный / Accusative	Кого? Что?	Студентов Я знаю этих хороших студентов. *I know these good students.*	Женщин Я знаю этих хороших женщин. *I know these good women.*	Письма Я прочитал эти важные письма. *I have read these important letters.*
Творительный / Instrumental	(С) кем? (С) чем?	Студентами Я знаком с этими хорошими студентами. *I am acquainted with these good students.*	Женщинами Я знаком с этими хорошими женщинами. *I am acquainted with these good women.*	Письмами Я знаком с этими важными письмами. *I am acquainted with these important letters.*
Предложный / Prepositional	О ком? О чём?	Студентах Я слышал об этих хороших студентах. *I have heard about these good students.*	Женщинах Я слышал об этих хороших женщинах. *I have heard about these good women.*	Письмах Я знаю об этих важных письмах. *I know about these important letters.*

Appendix 4 Demonstrative pronoun тот - *that*

Gender	Masculine	Feminine	Neuter	Plural
English		That		
Nominative Case	Тот	Та	То	Те
Accusative Case *animate*	Тот Того	Ту	То	Те Тех
Genitive Case	Того	Той	Того	Тех
Dative Case	Тому	Той	Тому	Тем
Instrumental Case	Тем	Той	Тем	Теми
Prepositional Case	Том	Той	Том	Тех

Appendix 5 Past Tense

The past tense in Russian is really quite easy to form. Using the past tense will allow you to tell stories in Russian, which is useful for explaining a little about yourself to people you meet.

In English there are quite a number of different past tenses, but in Russian there is simply one. Instead Russian uses the concept of aspects to indicate whether an action is completed or not.

In the past tense you have to look at the gender of the subject. You need to take the stem of the verb and add one of the following endings:

Masculine: -л : рабо́тал *(worked)* Я рабо́тал вчера́. *I worked yesterday*
Feminine: -ла : рабо́тала *(worked)* Она́ рабо́тала в пя́тницу. *She worked on Friday.*
Neuter: -ло : рабо́тало *(worked)* Кафе́ не рабо́тало на выходны́х. *Café didn't work on weekend.*
Plural: -ли : рабо́тали *(worked)*. Мы рабо́тали в Росси́и в про́шлом году́. *We worked in Russia last year.*

Notice: The verb endings match with the different forms of the pronoun он *(he)*. This should help you remember how to form the verbs. When using pronouns such as я *(I)*, ты *(you)*, and Вы *(you)* it will depend on the gender of the actual person concerned:

Он говори́л *(he told)*

Она́ говори́ла *(she told)*

Оно́ говори́ло *(it told)*

Они́ говори́ли *(he told)*

Мы говори́ли *(we told)*

Я говори́л *(I told)* - male speaking

Я говори́ла *(I told)* - female speaking

Ты говори́л *(you told)* - speaking to a male

Ты говори́ла *(you told)* - speaking to a female

Евге́ний говори́л *(Yevgeny told)*

Продаве́ц говори́л *(a salesman told)*

А́нна говори́ла *(Ann told)*

До́чь говори́ла *(daughter told)*

Appendix 6 Prefixed verbs of motion

Imperfective / Perfective	
входи́ть / войти́	to go in, to enter
выходи́ть / вы́йти	to go out, to leave, to exit
всходи́ть / взойти́	to go up, to ascend
доходи́ть / дойти́	to get to, to get as far as, to reach
заходи́ть / зайти́	to drop in, to stop by
обходи́ть / обойти́	to walk around, to bypass
отходи́ть / отойти́	to walk away
переходи́ть / перейти́	to go across, to turn
подходи́ть / подойти́	to approach
приходи́ть / прийти́	to arrive, to come
проходи́ть / пройти́	to go by, to go past
сходи́ть / сойти́	to go down, descend
уходи́ть / уйти́	to go from, to leave, depart

Appendix 7 Conjugated Verbs

Imperfective	Perfective	Translation
Бе́гать	Побежа́ть	run
Броди́ть	Побрести́	stroll
Быть	Побы́ть	be (is, are, will, was)
Ви́деть	Уви́деть	see
Води́ть	Повести́	drive, lead
Вози́ть	Повезти́	transport, carry (by vehicle)
Говори́ть	Сказа́ть	speak, talk, say
Гоня́ть	Погна́ть	drive
Дава́ть	Дать	give
Де́лать	Сде́лать	do, make
Ду́мать	Поду́мать	think
Е́здить	Пое́хать	go (by vehicle)
Есть	Съесть	eat
Жить	Прожи́ть	live
Знать	Узна́ть	know
Изуча́ть	Изучи́ть	study
Име́ть		have
Ла́зить	Поле́зть	climb
Лета́ть	Полете́ть	fly
Люби́ть	Полюби́ть	love
Мочь	Смочь	can, able (to be able)
Носи́ть	Понести́	carry, wear
Пла́вать	Поплы́ть	swim
По́лзать	Поползти́	crawl
Понима́ть	Поня́ть	understand
Рабо́тать	Порабо́тать	work
Сиде́ть	Посиде́ть	sit
Слу́шать(-ся)	Послу́шать(-ся)	listen (to somebody)
Смотре́ть(-ся)	Посмотре́ть(-ся)	watch, look at
Спра́шивать	Спроси́ть	ask
Станови́ться	Стать	become, begin
Стоя́ть	Постоя́ть	stand
Таска́ть	Потащи́ть	pull, drag
Ходи́ть	Пойти́	go (on foot)
Хоте́ть(-ся)	Захоте́ть(-ся)	want, feel like
Чита́ть	Прочита́ть	read

Appendix 8 Personal pronouns

Singular	1st person	2nd person	3rd person	3rd person	3rd person
English	I, Me	You	He, Him	She, Her	It
Nominative Case	Я	Ты	Он	Она́	Оно́
Accusative Case	Меня́	Тебя́	Его́	Её	Его́
Genitive Case	Меня́	Тебя́	Его́	Её	Его́
Dative Case	Мне	Тебе́	Ему́	Ей	Ему́
Instrumental Case	Мной	Тобо́й	Им	Ей	Им
Prepositional Case	Мне	Тебе́	Нём	Ней	Нём

Plural	1st person	2nd person	3rd person
English	We, Us	You	They, Them
Nominative Case	Мы	Вы	Они́
Accusative Case	Нас	Вас	Их
Genitive Case	Нас	Вас	Их
Dative Case	Нам	Вам	Им
Instrumental Case	На́ми	Ва́ми	И́ми
Prepositional Case	Нас	Вас	Них

Appendix 9 Possessive pronouns

	1st Person Masc.	Fem.	Neut.	Plural	2nd Person Masc.	Fem.	Neut.	Plural
English	My, Mine				Your, Yours			
Nominative	Мой	Моя́	Моё	Мои́	Твой	Твоя́	Твоё	Твои́
Accusative Case *animate*	Мой / Моего́	Мою́	Моё	Мои́ / Мои́х	Твой / Твоего́	Твою́	Твоё	Твои́ / Твои́х
Genitive Case	Моего́	Мое́й	Моего́	Мои́х	Твоего́	Твое́й	Твоего́	Твои́х
Dative Case	Моему́	Мое́й	Моему́	Мои́м	Твоему́	Твое́й	Твоему́	Твои́м
Instrumental	Мои́м	Мое́й	Мои́м	Мои́ми	Твои́м	Твое́й	Твои́м	Твои́ми
Prepositional Case	Моём	Мое́й	Моём	Мои́х	Твоём	Твое́й	Твоём	Твои́х

	1st Person				2nd Person			
	Masc.	Fem.	Neut.	Plural	Masc.	Fem.	Neut.	Plural
English		Our				Your, Yours		
Nominative	Наш	На́ша	На́ше	На́ши	Ваш	Ва́ша	Ва́ше	Ва́ши
Accusative Case *animate*	Наш На́шего	На́шу	На́ше	На́ши На́ших	Ваш Ва́шего	Ва́шу	Ва́ше	Ва́ши Ва́ших
Genitive Case	На́шего	На́шей	На́шего	На́ших	Ва́шего	Ва́шей	Ва́шего	Ва́ших
Dative Case	На́шему	На́шей	На́шему	На́шим	Ва́шему	Ва́шей	Ва́шему	Ва́шим
Instrumental	На́шим	На́шей	На́шим	На́шими	Ва́шим	Ва́шей	Ва́шим	Ва́шими
Prepositional Case	На́шем	На́шей	На́шем	На́ших	Ва́шем	Ва́шей	Ва́шем	Ва́ших

Appendix 10 The 3rd person possessive pronouns

The 3rd person possessive pronouns (его́ - his, её - her, его́ - its, их - their) take the gender and the quantity of the possessing person/object:
Её кни́га. *Her book.*
Его́ кни́га. *His book.*
Их кни́ги. *Their books.*

Appendix 11 Personal reflexive pronoun себя (-self)

English	Myself, himself, herself
Nominative Case	---
Accusative Case	Себя́
Genitive Case	Себя́
Dative Case	Себе́
Instrumental Case	Собо́й
Prepositional Case	Себе́

Appendix 12 Reflexive possessive pronoun свой

	Masc.	Fem.	Neut.	Plural
English	My own, his own, her own			
Nominative Case	Свой	Своя́	Своё	Свои́
Accusative Case *animate*	Свой Своего́	Свою́	Своё	Свои́ Свои́х
Genitive Case	Своего́	Свое́й	Своего́	Свои́х
Dative Case	Своему́	Свое́й	Своему́	Свои́м
Instrumental Case	Свои́м	Свое́й	Свои́м	Свои́ми
Prepositional Case	Своём	Свое́й	Своём	Свои́х

Appendix 13 Pronoun сам

	Masc.	Fem.	Neut.	Plural
English	\multicolumn{4}{c}{Myself, himself, herself}
Nominative Case	Сам	Сама́	Само́	Са́ми
Accusative Case *animate*	Сам / Самого́	Саму́	Само́	Са́ми / Сами́х
Genitive Case	Самого́	Само́й	Самого́	Сами́х
Dative Case	Самому́	Само́й	Самому́	Сами́м
Instrumental Case	Сами́м	Само́й	Сами́м	Сами́ми
Prepositional Case	Само́м	Само́й	Само́м	Сами́х

Appendix 14 Pronoun весь

	Masc.	Fem.	Neut.	Plural
English	\multicolumn{4}{c}{All, the whole}
Nominative Case	Весь	Вся	Всё	Все
Accusative Case *animate*	Весь / Всего́	Всю	Всё	Все / Всех
Genitive Case	Всего́	Всей	Всего́	Всех
Dative Case	Всему́	Всей	Всему́	Всем
Instrumental Case	Всем	Всей	Всем	Все́ми
Prepositional Case	Всём	Всей	Всём	Всех

Appendix 15 Common adjectives

alive - живо́й
attentive - внима́тельный
bad - плохо́й
beautiful - краси́вый
big - большо́й
boring - ску́чный
bright - я́ркий
cheap - дешёвый
clean - чи́стый
cold - холо́дный
comfortable - удо́бный
dark - тёмный
dear, expensive - дорого́й
dense, thick - густо́й
different - ра́зный
difficult - тру́дный
dirty - гря́зный
dry - сухо́й
easy - лёгкий
empty - пусто́й
far - далёкий
fast - бы́стрый
fat - то́лстый
favorite - люби́мый
first - пе́рвый
frequent - ча́стый
frightening - стра́шный
full - по́лный
good, nice - хоро́ший
great - вели́кий
happy - счастли́вый
hard, firm - твёрдый
heavy - тяжёлый
hot - жа́ркий
huge - огро́мный

important - ва́жный
interesting - интере́сный
kind - до́брый
last - после́дний
loud - гро́мкий
main - гла́вный
necessary - необходи́мый
new - но́вый
old - ста́рый
only, unique - еди́нственный
peaceful - споко́йный
personal - ли́чный
pleasant - прия́тный
powerful - си́льный
prepared, - ready - гото́вый
private - ча́стный
rapid, quick - бы́стрый
respected - уважа́емый
sad - гру́стный
sharp - о́стрый
similar, alike - подо́бный
simple - просто́й
slow - ме́дленный
small - ма́ленький
soft - мя́гкий
strange - стра́нный
strict - стро́гий
strong - кре́пкий
sweet - сла́дкий
tall, high - высо́кий
usual - обы́чный
warm - тёплый
young - молодо́й

Keys

Глава 1
Упражнение 2

1) Я ру́сская
2) Мне два́дцать три го́да
3) Я за́мужем
4) Я родила́сь в Доне́цке
5) Я рабо́таю в ба́нке
6) Он ру́сский
7) Он роди́лся в Доне́цке
8) Ему́ два́дцать пять лет
9) Он рабо́тает в торго́вой фи́рме
10) Он администра́тор компью́терной сети́
11) Он живёт в своём до́ме
12) Э́то мой друг

Упражнение 3

10	Пока́ О́ля.	Bye, Olya.
7	Да, где мы встре́тимся?	Okay, where shall we meet?
1	Алло́.	Hello.
4	Я слу́шаю.	
	Пока́ Са́ша.	Bye, Sasha.
5	Са́ша, это О́льга. Ты идёшь сего́дня в университе́т?	Sasha, this is Olya. Are you going to the university today?
8	Дава́й во́зле вхо́да в библиоте́ку в де́вять часо́в.	Let's meet at the entrance to the library at 9 o'clock.
2	Здра́вствуйте, мо́жно Са́шу к телефо́ну?	Hello. Can I speak with Sasha?
6	Да, но снача́ла я до́лжен пойти́ в библиоте́ку. Хо́чешь со мно́й?	Yes, but first I need to go to the library.
9	Договори́лись, пока́.	It's settled, bye.
3	Здра́вствуйте, одну́ мину́ту.	Hello. One minute, please.

88

Упражнение 4

1)	Я живу́	I live in an apartment.
2)	Он живёт в кварти́ре	He lives in an apartment.
3)	Она́ живёт в кварти́ре	She lives in an apartment.
4)	Ты живёшь в кварти́ре	You live in an apartment.
5)	Вы живёте в кварти́ре	You live in an apartment.
6)	Мы живём в кварти́ре	We live in an apartment.
7)	Они́ живу́т в кварти́ре	They live in an apartment.
8)	Я рабо́таем в ба́нке	I work in a bank.
9)	Он рабо́тает в ба́нке	He works in a bank.
10)	Она́ рабо́тает в ба́нке	She works in a bank.
11)	Ты рабо́таешь в ба́нке	You work in a bank.
12)	Мы рабо́таем в банке	We work in a bank.
13)	Они́ рабо́тают в банке	They work in a bank.
14)	Я говорю́ на англи́йском	I speak English.
15)	Он говори́т на англи́йском	He speaks English.
16)	Она́ говори́т на англи́йском	She speaks English.
17)	Ты говори́шь на англи́йском	You speak English.
18)	Вы говори́те на англи́йском	You speak English.
19)	Мы говори́м на англи́йском	We speak English.
20)	Они́ говоря́т на англи́йском	They speak English.

Глава 2

Упражнение 2

1) Он иногда́ демонстри́рует пессими́зм.
2) Я ду́маю, что я оптими́ст.
3) Мой муж име́ет ориента́цию на позити́в.
4) Я забыва́ю всё негати́вное.
5) И вспомина́ю всё позити́вное.
6) Мы с му́жем идём в клуб и́ли кафе́.
7) И забыва́ем о́бо всех пробле́мах.
8) Мой оптими́зм помога́ет мне забы́ть весь негати́в.
9) Я стара́юсь демонстри́ровать то́лько хоро́шие мане́ры.
10) Мы танцу́ем и пьём кокте́йли.

Упражнение 3

1)	Я демонстри́рую хоро́шие мане́ры	I show good manners
2)	Он демонстри́рует хоро́шие манеры	He shows good manners
3)	Она́ демонстрирует хорошие манеры	She shows good manners
4)	Они́ демонстри́руют хоро́шие манеры	They show good manners
5)	Ты демонстри́руешь хоро́шие мане́ры	You show good manners
6)	Вы демонстри́руете хоро́шие мане́ры	You show good manners
7)	Мы демонстри́руем хоро́шие мане́ры	We show good manners
8)	Я име́ю ориента́цию на позити́в	I am oriented to the positive
9)	Ты име́ешь ориента́цию на позити́в	You are oriented to the positive
10)	Вы име́ете ориента́цию на позити́в	You are oriented to the positive
11)	Мы име́ем ориента́цию на позити́в	We oriented to the positive
12)	Он име́ет ориента́цию на позити́в	He is oriented to the positive
13)	Она́ име́ет ориента́цию на позити́в	She is oriented to the positive
14)	Они́ име́ют ориента́цию на позити́в	They are oriented to the positive
15)	Я вспомина́ю все позити́вное	I recall all the positives
16)	Ты вспомина́ешь все позити́вное	You recall all the positives
17)	Вы вспомина́ете все позити́вное	You recall all the positives
18)	Мы вспомина́ем все позити́вное	We recall all the positives
19)	Он вспомина́ет все позити́вное	He recalls all the positives
20)	Она́ вспомина́ет все позити́вное	She recalls all the positives
21)	Они́ вспомина́ют все позити́вное	They recall all the positives
22)	Я забыва́ю все негати́вное	I forget all the negatives
23)	Ты забыва́ешь все негати́вное	You forget all the negatives
24)	Вы забыва́ете все негати́вное	You forget all the negatives
25)	Мы забыва́ем все негати́вное	We forget all the negatives
26)	Он забыва́ет все негати́вное	He forgets all the negatives
27)	Она́ забыва́ет все негати́вное	She forgets all the negatives
28)	Они́ забыва́ют все негати́вное	They forget all the negatives

Глава 3
Упражнение 2

1) Дека́брь зи́мний ме́сяц.
2) Апре́ль весе́нний ме́сяц.
3) Ию́нь ле́тний ме́сяц.
4) Октя́брь осе́нний ме́сяц.
5) А́вгуст ле́тний ме́сяц.
6) Март весе́нний ме́сяц.
7) Май весе́нний ме́сяц.
8) Ию́ль ле́тний ме́сяц.
9) Февра́ль зи́мний ме́сяц.
10) Янва́рь зи́мний ме́сяц.
11) Ноя́брь осе́нний ме́сяц.
12) Сентя́брь осе́нний ме́сяц.

Глава 4
Упражнение 1

1) *Я жена́т. У меня́ есть де́ти.*
2) *Ты за́мужем. У тебя́ есть муж.*
3) *Мы роди́тели. У нас есть де́ти.*
4) *Вы де́ти. У вас есть роди́тели.*
5) *Э́то па́па. У него́ есть сын и дочь.*
6) *Э́то ма́ма. У неё есть сын.*
7) *Э́то де́душка. У него́ есть внук.*
8) *Э́то брат. У него́ сестра́.*

Упражнéние 2

1) Я молодóй человéк. Мне двáдцать лет.

2) Ты молодáя жéнщина. Тебé двáдцать пять лет.

3) Они́ шкóльники. Им по семь лет.

4) Мы пенсионéры. Нам по сéмьдесят лет.

5) Вы взрóслый мужчи́на. Вам сóрок пять лет.

6) Он молодóй человéк. Емý восемнáдцать лет.

7) Онá мáленькая девóчка. Ей пять лет.

8) Вы ми́лая старýшка. Вам вóсемьдесят лет.

9) Я пенсионéр. Мне сéмьдесят лет.

Глава 5
Упражнéние 2

1) Это хорóший шкóльник.

2) Это нáши роди́тели.

3) Мой дéдушка врач.

4) Егó мáма блонди́нка.

5) Мой пáпа космонáвт.

6) Нáша семья́ большáя.

7) Этот магази́н мáленький.

8) Моя́ бáбушка умéет вязáть.

9) Моя́ кварти́ра на пя́том этажé.

10) Это больши́е кóмнаты.

11) Это пéрвый этáж.

12) Балкóн дли́нный.

Глава 6
Упражнéние 1

Обы́чно А́ня *просыпа́ется* в шесть утра́. Она́ идёт в ва́нную, чи́стит зу́бы, умыва́ется и расчёсывает во́лосы. Зате́м она́ за́втракает. Она́ рабо́тает с восьми́ утра́ до пяти́ ве́чера. Поэ́тому сра́зу по́сле за́втрака она́ идёт на рабо́ту. Она́ выхо́дит из до́ма в семь часо́в два́дцать мину́т. А́ня прихо́дит на рабо́ту в в семь часо́в со́рок пять мину́т. Её обе́денный переры́в дли́тся дли́тся с ча́су дня до ча́са сорока́ пяти́ мину́т. Она́ прихо́дит с рабо́ты в шесть часо́в ве́чера. По́сле рабо́ты А́ня захо́дит в магази́н и покупа́ет проду́кты. Ве́чером приме́рно в семь часо́в она́ со свое́й семьёй у́жинает. Обы́чно они́ у́жинают до́ма, но иногда́ хо́дят в рестора́н. По́сле у́жина А́ня лю́бит смотре́ть телеви́зор. Зате́м она́ идёт в ва́нную чи́стить зу́бы. И в А́ня ложи́тся спать.

Упражнéние 2

1. С кем ты у́жинаешь? k
2. С кото́рого ча́са ты рабо́таешь? d
3. Во ско́лько ты просыпа́ешься? a
4. Куда́ ты захо́дишь по́сле рабо́ты? j
5. Во ско́лько ты выхо́дишь из до́ма? f
6. Как до́лго дли́тся ваш у́жин? m
7. Что ты де́лаешь по́сле ва́нной? b
8. Ты идёшь на рабо́ту сра́зу по́сле за́втрака? e
9. Что ты де́лаешь по́сле у́жина? n
10. Ско́лько вре́мени дли́тся твой за́втрак? c
11. Во ско́лько ты прихо́дишь домо́й? i
12. Во ско́лько ложи́шься спать? o
13. Во ско́лько ты прихо́дишь на рабо́ту? g
14. Где вы обы́чно у́жинаете? l
15. С кото́рого ча́са у тебя́ обе́денный переры́в? h

Глава 7
Упражнéние 2

Сéверная Амéрика	Ю́жная Амéрика	Еврóпа	А́фрика	А́зия
Брази́лия	Япóния	Мéксика	Венесуэ́ла	Испа́ния
Великобрита́ния	Еги́пет	Ита́лия	Герма́ния	И́ндия
Пóльша	США / the USA	Колу́мбия	Кита́й	Чи́ли
Аргенти́на	Грéция	Россия	Изра́иль	А́встрия
Фра́нция	Швéция	Кéния	Норвéгия	Кана́да

Глава 8
Упражнéние 1

холоди́льник

тóстер

ми́ксер

блéндер

кофева́рка

микроволнóвка

ра́ковина

пéчка

ва́за

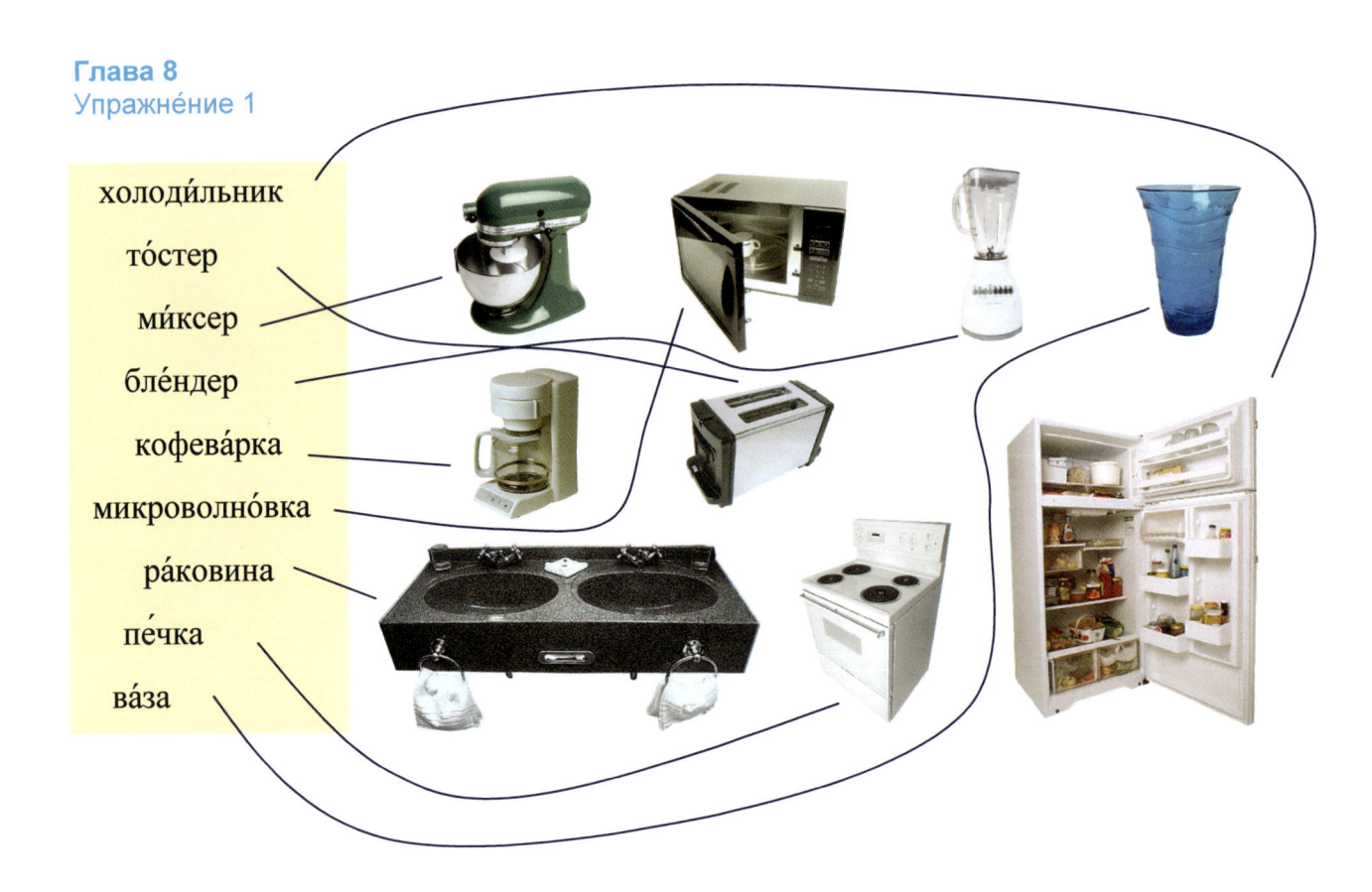

94

Упражне́ние 2

1) Холоди́льник стои́т в/<u>на</u> углу́.
2) То́стер, ми́ксер и бле́ндер стоя́т <u>на</u>/в холоди́льнике.
3) Ва́за стои́т в/<u>на</u> по́лке.
4) На/<u>в</u> свое́й микроволно́вой печи́ я разогрева́ю обе́д.
5) Микроволно́вка располо́жена <u>во́зле</u>/сза́ди то́стера.
6) <u>В</u>/на друго́м углу́ ку́хни стои́т стол и небольша́я софа́.
7) <u>На</u>/в стене́ виси́т телеви́зор.
8) Печь <u>на</u>/в ку́хне га́зовая.

Глава 10
Упражне́ние 2

1) О́коло ры́нка ~~располо́жен~~/<u>располо́жена</u> по́чта. *Next to the market there is a post office.*
2) Пе́ред ры́нком <u>располо́жена</u>/располо́жен университе́т. *There is a university in front of the market.*
3) Ме́жду обувны́м магази́ном и де́тским са́дом <u>нахо́дится</u>/нахо́дятся кафе́. *There is a café between the shoe store and a kindergarten.*
4) Шко́ла располо́жен/<u>располо́жена</u> за продукто́вым магази́ном. *The school is situated behind the grocery store.*
5) Во́зле до́ма располо́жены/<u>располо́жен</u> де́тский сад. *Next to the house there is a kindergarten.*
6) На у́лице нахо́дишься/<u>нахо́дятся</u> два ба́нка. *There are two banks in the street.*

Глава 14
Упражне́ние 2

1) Э́то кру́глое, жёлтое и ки́слое.   *Э́то лимо́н.*
2) Э́то почти́ кру́глое, жёлтое и сла́дкое.   Э́то гру́ша.
3) Э́то зелёное и ки́слое или сла́дкое.   Э́то я́блоко.
4) Э́то продолгова́тое, жёлтое и сла́дкое.   Э́то бана́н.
5) Э́то кра́сно-жёлтое и сла́дкое.   Э́то пе́рсик.
6) Э́то тёмно-кори́чневое в ча́шке.   Э́то ко́фе.
7) Э́то кори́чневое в стака́не.   Э́то пи́во.
8) Э́то арома́тное в таре́лке.   Э́то суп.

95

Упражне́ние 3

1) Э́то кру́глое, жёлтое и сла́дкое.　　　　　　It is round, yellow and sweet.
   Э́то апельси́н.
2) Э́то большо́е и кру́глое, зелёное снару́жи,　　It is big and round, green outside,
   кра́сное внутри́ и сла́дкое.　Э́то арбу́з.　　　red inside and sweet.
3) Э́то кори́чневое снару́жи, зелёное внутри́ и　It is brown outside, green inside
   сла́дкое. Э́то ки́ви.　　　　　　　　　　　　and sweet.
4) Э́то продолгова́тое и зелёное.　Э́то огуре́ц.　It is longish and green.
5) Э́то го́рькое и оно́ име́ет мно́го витами́нов.　It is bitter, and contains a lot of
   Э́то лук.　　　　　　　　　　　　　　　　　vitamins .
6) Э́то тёмно-кори́чневое снару́жи и бе́лое　　　It is dark-brown outside and white
   внутри́. Э́то карто́фель.　　　　　　　　　　inside.
7) Э́то бе́лое и о́чень го́рькое, и оно́ име́ет мно́го　It is white and very bitter, and con-
   витами́нов. Э́то чесно́к.　　　　　　　　　　tains a lot of vitamins.

Упражне́ние 4

1) Э́то кори́чневое и горя́чее.　*Э́то чай.*　　　It is brown and hot.
2) Э́то бе́лое и шипу́чее.　Э́то шампа́нское.　　It is white and fizzy.
3) Э́то кори́чневое и кре́пкое.　Э́то конья́к.　　It is brown and strong.
4) Э́то кра́сное и арома́тное.　Э́то вино́.　　　 It is red and fragrant.
5) Э́то жёлтое и сла́дкое.　Э́то сок.　　　　　 It is yellow and sweet.

Глава́ 15
Упражне́ние 1

1) I need some books.　*Мне ну́жно не́сколько книг.*
2) I need some food.　　Мне ну́жно немно́го еды́.
3) I need some money.　Мне ну́жно немно́го де́нег.
4) I need some rest.　　Мне ну́жно немно́го отдохну́ть.
5) I am ready to go.　　Я гото́в идти́.
6) Do you need help?　　Вам нужна́ по́мощь?
7) I have to phone.　　Я до́лжен позвони́ть.

Упражнéние 2

1) I am going home . *Я иду домой.*

2) I walk to work every day. Я хожу домой каждый день.

3) I am going by bus now. Я сейчас еду на автобусе.

4) I go to work by tram. Я езжу на работу на трамвае.

5) Do you go to work every day? Ты ходишь на работу каждый день?

6) Are you walking to bank? Ты идёшь в банк?

7) Do you go there by bus or tram? Ты ездишь туда на автобусе или на трамвае?

Для заметок

For notes

Congratulation on finishing Russian Questions and Answers! We would appreciate your feedback on Amazon very much. Take a look at another Russian textbook. Read and listen to free chapters provided at the publisher's homepage www.lppbooks.com

There are simple and funny Russian texts for easy reading. The book consists of Elementary and Pre-intermediate courses with parallel Russian-English texts. The author maintains learners' motivation with funny stories about real life situations such as meeting people, studying, job searches, working etc. The ALARM method (Approved Learning Automatic Remembering Method) utilize natural human ability to remember words used in texts repeatedly and systematically. The author had to compose each sentence using only words explained in previous chapters. The second and the following chapters of the Elementary course have only 30 new words each.

Paperback: 146 pages
ISBN-10: 1453639535
ISBN-13: 978-1453639535

Printed in Great Britain
by Amazon.co.uk, Ltd.,
Marston Gate.